行知学園教育叢書

EJU

日本留学試験対策

模擬試験問題集

生物

BIOLOGY

EXAMINATION FOR JAPANESE UNIVERSITY ADMISSION FOR INTERNATIONAL STUDENTS

行知学園
COACH ACADEMY

は じ め に

　日本留学試験（EJU）は，日本の大学に入学を希望する留学生を対象とした共通試験です。大学等で必要とされる日本語力及び各科目の基礎学力を評価することを目的とし，通常，年に2回実施されます。

　日本留学試験では，基礎的な知識だけでなく，総合的な考察力や思考力が必要となります。また，限られた時間の中ですばやく正解にたどり着くための読解力や判断力も要求される上に，マークシート形式という独特な解答形式に慣れる必要もあります。このような試験で高得点をとるためには，日本留学試験と同じ形式で出題された良質の問題に数多く接することが効果的です。

　本書は，上記のような点を踏まえ，過去にEJUで出題された問題を徹底的に研究・分析した上で作成された模擬試験の問題集です。形式・内容・レベルにおいて実際の試験に近い問題が全10回分収録されており，本番さながらの試験に数多くチャレンジすることができるようになっています。また巻末には正解だけでなく解説も付いています。本書を活用することによって，学力の向上とともに，揺るぎない自信を身につけることができるでしょう。

　この『日本留学試験（EJU）対策 模擬試験問題集』シリーズ及び行知学園発行の姉妹書を徹底的に学習して，皆様が希望通りの未来に進み，ご活躍をされることを願います。

2023年2月

行知学園

本 書 に つ い て

　留学生のための進学予備校である行知学園は，これまで日本留学試験（EJU）に出題された問題を分析し，留学生の皆さんがどのように学習すれば試験に対応できる実践力，実力をつけられるかを研究してきました。本書は，その永年にわたる研究の成果を盛り込んだ問題集です。

▶ 日本留学試験（EJU）「生物」について

　日本留学試験は年に2回，6月と11月に実施されます。出題科目は「日本語」，「理科」（物理・化学・生物），「総合科目」及び「数学」ですが，**「総合科目」と「理科」を同時に選択することはできません。**「理科」は試験時間が80分で，解答用紙はマークシート方式です。また，**物理・化学・生物のうち2つの科目を選んで**解答します。

　「生物」の出題範囲は，日本の高等学校の学習指導要領の「生物基礎」及び「生物」の範囲に準じています。各問題は以下の出題範囲から出題されます。

　　Ⅰ．生命現象と物質
　　　1．細胞と分子（細胞小器官，原核細胞と真核細胞，細胞骨格，タンパク質の構造など）
　　　2．代謝（ATPとその役割，呼吸，光合成，窒素同化など）
　　　3．遺伝情報とその発現（遺伝情報とDNA，遺伝情報の発現，遺伝子の発現調節など）
　　Ⅱ．生殖と発生
　　　1．有性生殖（減数分裂，性染色体，遺伝子と染色体など）
　　　2．動物の発生（配偶子形成と受精，初期発生の過程，細胞の分化と形態形成）
　　　3．植物の発生（配偶子形成と受精，胚発生，植物の器官の分化）
　　Ⅲ．生物の体内環境と維持
　　　1．体内環境（体液の循環系，体液の成分とその濃度調節，血液凝固のしくみ）
　　　2．体内環境の維持のしくみ（自律神経やホルモンによる調節）
　　　3．免疫（免疫で働く細胞，免疫のしくみ）
　　Ⅳ．生物の環境応答
　　　1．動物の反応と行動（受容器・効果器・神経系とその働き，動物の行動）
　　　2．植物の環境応答（植物ホルモンの働き，植物の光受容体の働き）
　　Ⅴ．生態と環境
　　　1．個体群と生物群集（個体群とその構造，生物群集とその構造など）
　　　2．生態系（生態系の物質生産と物質循環，生態系と生物多様性など）
　　Ⅵ．生物の進化と系統
　　　1．生物進化のしくみ（生命の誕生，生物の進化，進化のしくみなど）
　　　2．生物の系統（生物の系統による分類，高次の分類群と系統）

※最新の情報は，独立行政法人日本学生支援機構のホームページで確認してください。

▶ 本書の特長 ─────────────────

1．日本留学試験「生物」と同様の構成で問題を作成しています。

　近年の「生物」は全18問であることが多いので，本書も同じ問題数にしています。また，各分野の問題数の配分や配列も実際の試験とほぼ同様にしています。

2．実際の「生物」の出題事項をふんだんに盛り込んでいます。

　細胞小器官の働きやホルモンによる体内環境の調整など，実際の試験で頻出の問題は，本書においても多めに出題しています。また，誤りの選択肢にも，出題歴のある事項を数多く含めています。各選択肢の内容や正誤をくまなく吟味することで，実際の試験に対応できる実力がより養われるでしょう。

3．正解と解説

　問題を解いたら，必ず「正解」と照らし合わせましょう。正解の解答番号に「★」が付いているものは，日本留学試験の本番で，過去に何度も出題されている重要な事項です。正解するまで，何度も挑戦しましょう。また，解説をよく読んで復習し，問題の解き方や正しい知識を身につけましょう。

▶ マークシート記入上の注意点 ─────────────────

　日本留学試験「理科（生物）」の解答用紙は，答えのマーク部分を鉛筆で塗りつぶすマークシート形式です。マークのしかたが薄いと採点されないため，必ずHBの鉛筆を使いしっかり塗り，訂正したい場合は，そのマークをプラスチック消しゴムできれいに消してください。決められた箇所以外は記入せず，シートを汚さないように注意しましょう。

▶ 本書の使い方 ─────────────────

　本書10回分の「模擬試験問題」と「正解と解説」は，日本留学試験に必要な実力が効率よく身につく学習を可能にします。

　試験対策では，日本留学試験の形式に慣れることが重要です。試験の傾向に沿った模擬試験に，日本留学試験と同じ時間，同様の解答用紙，筆記具を用いて取り組んでみましょう。解答後は採点結果を分析し，自分の弱点である不得意な分野や足りない知識を把握してください。苦手な分野や弱い点を重点的に復習し，今後の勉強に活かすことで，より効率よく成績を上げることができます。

　上記のような流れにしたがい本書の模擬試験を繰り返し解くことで，基礎力に加え，総合的な考察力や思考力，限られた時間で解答できる読解力や判断力など，日本留学試験に必要な実力が自然と身についていきます。

目　次

模擬試験

第1回

問1　細胞（cell）に含まれる構造体について述べた文として正しいものを，次の文①〜⑤の中から一つ選びなさい。　　　**1**

① 原核細胞 (prokaryotic cell) は，核膜 (nuclear membrane) に包まれた核 (nucleus) やリボソーム（ribosome）などの構造体を一切もたない。

② 真核細胞（eukaryotic cell）では，ミトコンドリア（mitochondria）は動物細胞のみに見られ，植物細胞には見られない。

③ リソソーム（lysosome）は，タンパク質の細胞外への分泌（secretion）に関わっている。

④ リボソームや中心体（centrosome）は，生体膜（biomembrane）による膜構造をもたない。

⑤ 小胞体（endoplasmic reticulum）は，二重の膜構造をもっている。

問2　細胞膜（cell membrane）を介した物質の輸送について述べた次の文①〜⑤の中から，**誤っているもの**を一つ選びなさい。　　　**2**

① 動物細胞の細胞膜には，能動輸送（active transport）をおこなうポンプがある。

② 受動輸送（passive transport）によって物質が移動する場合には，エネルギーを消費しない。

③ チャネル（channel）では，細胞内外の濃度勾配にしたがって物質が移動する。

④ ナトリウムイオン（sodium ion）のような小さな物質は，細胞膜のリン脂質（phospholipid）二重層を自由に通過できる。

⑤ 小さな疎水性（hydrophobic）の分子は，細胞膜のリン脂質二重層を通過しやすい。

問3 次の文は，細胞（cell）での呼吸（respiration）について述べたものである。文中の空欄 $\boxed{a}$ ～ $\boxed{c}$ にあてはまる語句の正しい組み合わせを，下の①～⑥の中から一つ選びなさい。 **3**

呼吸は，3つの過程からなる。第1の過程である $\boxed{a}$ は，細胞質基質（cytoplasmic matrix）でおこなわれ，グルコース（glucose）からピルビン酸（pyruvic acid）が生じる。第2の過程である $\boxed{b}$ は，ミトコンドリア（mitochondria）のマトリックス（matrix）でおこなわれ，ピルビン酸を二酸化炭素にまで分解する。第3の過程である $\boxed{c}$ は，ミトコンドリアの内膜（inner membrane）でおこなわれ，水が生じる。

	a	b	c
①	電子伝達系	解糖系	クエン酸回路
②	電子伝達系	クエン酸回路	解糖系
③	解糖系	クエン酸回路	電子伝達系
④	解糖系	電子伝達系	クエン酸回路
⑤	クエン酸回路	解糖系	電子伝達系
⑥	クエン酸回路	電子伝達系	解糖系

電子伝達系（electron transport system），解糖系（glycolysis），クエン酸回路（citric acid cycle）

問4 緑色植物の光合成（photosynthesis）について述べた文 **a**～**c** のうち，正しいものの組み合わせを，下の①～⑦の中から一つ選びなさい。 **4**

a 光リン酸化（photophosphorylation）では，還元型補酵素（reduced coenzyme）である NADPH が生じる。

b 光化学系Ⅱ（photosystem Ⅱ）では，水が分解され，酸素が生じる。

c カルビン回路（Calvin cycle）は，葉緑体（chloroplast）のストロマ（stroma）でおこなわれる。

① **a**   ② **b**   ③ **c**   ④ **a，b**

⑤ **a，c**   ⑥ **b，c**   ⑦ **a，b，c**

問 5 DNA の構造と複製（replication）について述べた文として正しいものを，次の①～⑤の中から一つ選びなさい。 $\boxed{5}$

① DNA を構成するヌクレオチド（nucleotide）は，デオキシリボース（deoxyribose）にリン酸（phosphate）とアデニン（adenine），グアニン（guanine），チミン（thymine），ウラシル（uracil）のいずれかの塩基（base）が結合している。

② DNA の 2 本のヌクレオチド鎖（nucleotide chain）は，5′ 末端および 3′ 末端に関して互いに逆向きに平行に並んで，塩基どうしが水素結合（hydrogen bond）により弱く結合している。

③ 2 本の DNA 鎖がヒストン（histone）に巻き付くことで，二重らせん構造（double helix structure）が形成される。

④ DNA 複製において，DNA がほどけていく方向と DNA ポリメラーゼ（DNA polymerase）が新生鎖を伸長させる方向が同じ場合，その合成される新生鎖をラギング鎖（lagging strand）という。

⑤ DNA 複製において，リーディング鎖（leading strand）において不連続に複製される短いヌクレオチド鎖を，岡崎フラグメント（Okazaki fragment）という。

問 6 DNA の情報に基づいてタンパク質が合成される過程について述べた次の文 a～d のうち，正しいものの組み合わせを，下の①～④の中から一つ選びなさい。 $\boxed{6}$

a 真核生物（eukaryote）では，転写（transcription）により合成された mRNA 前駆体（precursor mRNA）は，核内でスプライシング（splicing）がおこなわれた後，細胞質（cytoplasm）に出て翻訳（translation）される。

b 真核生物では，アミノ酸（amino acid）がゴルジ体（Golgi body）に輸送され，タンパク質の合成がおこなわれる。

c 原核生物（prokaryote）では，転写と翻訳が同時におこなわれることがある。

d 原核生物では，真核生物と同様に選択的スプライシングがおこなわれる。

① a，c   ② a，d   ③ b，c   ④ b，d

問7 次の文は，動物の精子（sperm）形成について述べたものである。文中の空欄 a ～ d にあてはまる語句や数値の正しい組み合わせを，下の①～⑧の中から一つ選びなさい。 **7**

始原生殖細胞は，未分化な精巣に移動して精原細胞（spermatogonium）になる。精原細胞は a を繰り返して増殖し，個体の成長に伴って一部が一次精母細胞（primary spermatocyte）になる。1個の一次精母細胞は， b の後に c 個の精細胞（spermatid）となり，これらが変形した後， d 個の精子となる。

	a	b	c	d
①	体細胞分裂（mitosis）	減数分裂（meiosis）	2	1
②	体細胞分裂	減数分裂	2	2
③	体細胞分裂	減数分裂	4	2
④	体細胞分裂	減数分裂	4	4
⑤	減数分裂	体細胞分裂	2	1
⑥	減数分裂	体細胞分裂	2	2
⑦	減数分裂	体細胞分裂	4	2
⑧	減数分裂	体細胞分裂	4	4

問8 カエル（frog）の卵割（cleavage）の過程について述べた文として正しいものを，次の①～④の中から一つ選びなさい。 **8**

① カエルの卵（egg）は等黄卵（isolecithal egg）であり，8細胞期まではほぼ同じ大きさの割球（blastomere）ができる。

② カエルの卵は等黄卵であるが，卵割が進行すると等割から不等割に変わる。

③ カエルの卵は端黄卵（telolecithal egg）であり，第3卵割から不等割がおこなわれる。

④ カエルの卵は端黄卵であり，16細胞期になって初めて割球の大きさに違いが生じる。

問9 次の図は，被子植物（angiosperms）の配偶子形成（gametogenesis）を模式的に示したものである。雄原細胞（generative cell），胚のう細胞（embryo sac cell），卵細胞（egg cell）のそれぞれの核相（nuclear phase）について正しい組み合わせを，下の①～⑧の中から一つ選びなさい。 **9**

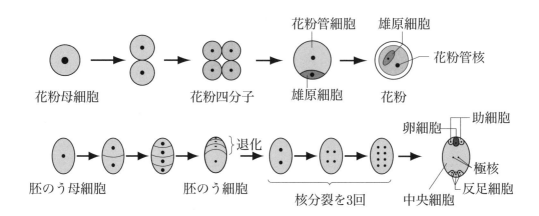

花粉母細胞（pollen mother cell），花粉四分子（pollen tetrad），花粉管細胞（pollen tube cell），花粉（pollen），胚のう母細胞（embryo sac mother cell），胚のう細胞（embryo sac cell），卵細胞（egg cell），助細胞（synergid），極核（polar nucleus），中央細胞（central cell），反足細胞（antipodal cell）

	雄原細胞	胚のう細胞	卵細胞
①	n	n	n
②	n	n	$2n$
③	n	$2n$	n
④	n	$2n$	$2n$
⑤	$2n$	n	n
⑥	$2n$	n	$2n$
⑦	$2n$	$2n$	n
⑧	$2n$	$2n$	$2n$

問10 次の図は，ヒトの心臓を正面から見たときの様子を模式的に示したものである。図中の **A ～ D** のうち，全身に血液を送り出す部位と，肺（lung）からの血液を受け取る部位はそれぞれどこか。正しい組み合わせを，下の①～⑥の中から一つ選びなさい。

10

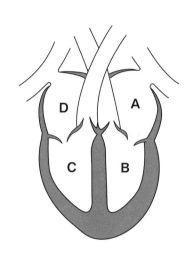

	全身に血液を送り出す部位	肺からの血液を受け取る部位
①	A	B
②	A	C
③	A	D
④	B	A
⑤	B	D
⑥	C	D

問11 ヒトの自律神経系（autonomic nervous system）について述べた文として正しいものを，次の①〜④の中から一つ選びなさい。　**11**

① 交感神経（sympathetic nerve）と副交感神経（parasympathetic nerve）の働きは互いに拮抗（きっこう）するため，両者が同時に興奮することはない。

② 自律神経（autonomic nerve）が分布する器官には，必ず交感神経と副交感神経の両方が分布する。

③ 交感神経の末端からは，バソプレシン（vasopressin）が分泌される。

④ 副交感神経の末端からは，アセチルコリン（acetylcholine）が分泌される。

問12 次の文は，ヒトの血糖濃度（blood glucose level）の調節について述べたものである。文中の空欄 **a** 〜 **d** にあてはまる語句の正しい組み合わせを，下の①〜⑧の中から一つ選びなさい。　**12**

血糖濃度が低下すると，これを間脳（diencephalon）の視床下部（hypothalamus）が感知し，この情報が交感神経（sympathetic nerve）を介してすい臓（pancreas）のランゲルハンス島（islet of Langerhans）の **a** と副腎（ふくじん） **b** に伝えられる。この結果，ランゲルハンス島の **a** からは **c** が分泌され，副腎 **b** からは **d** が分泌されて，血糖濃度が上昇する。

	a	b	c	d
①	A 細胞	皮質	グルカゴン	チロキシン
②	A 細胞	髄質（ずいしつ）	グルカゴン	アドレナリン
③	A 細胞	皮質	インスリン	チロキシン
④	A 細胞	髄質	インスリン	アドレナリン
⑤	B 細胞	皮質	グルカゴン	チロキシン
⑥	B 細胞	髄質	グルカゴン	アドレナリン
⑦	B 細胞	皮質	インスリン	チロキシン
⑧	B 細胞	髄質	インスリン	アドレナリン

副腎皮質（adrenal cortex），副腎髄質（adrenal medulla），グルカゴン（glucagon），インスリン（insulin），チロキシン（thyroxine），アドレナリン（adrenaline）

問13 次の文は，生体防御（biophylaxis）のしくみについて述べたものである。文中の空欄 a ～ c にあてはまる語句の正しい組み合わせを，下の①～⑥の中から一つ選びなさい。 13

　病原体（pathogen）が体内に侵入すると，好中球（neutrophil）やマクロファージ（macrophage），樹状細胞（dendritic cell）などが食作用（phagocytosis）によって病原体を取り込んで分解する。この食作用などのように，すべての動物に備わっているしくみを a 免疫という。また，樹状細胞やマクロファージは病原体を断片化して細胞の表面に出し， b 細胞に病原体の情報を与える。このような働きは， c と呼ばれている。

	a	b	c
①	適応（獲得）	ヘルパー T 細胞	抗原抗体反応
②	適応（獲得）	キラー T 細胞	抗原提示
③	適応（獲得）	B 細胞	抗原抗体反応
④	自然	ヘルパー T 細胞	抗原提示
⑤	自然	キラー T 細胞	抗原抗体反応
⑥	自然	B 細胞	抗原提示

ヘルパー T 細胞（helper T cell），キラー T 細胞（killer T cell），
抗原抗体反応（antigen-antibody reaction），抗原提示（antigen presentation）

問14 次の図は，複数のニューロン（neuron）で構成される神経系の一部を模式的に示したものである。図中の部位 **a**〜**e** のうち，部位 **X** に十分に強い刺激を与えたときに興奮（excitation）が観察される部位はどこか。正しいものの組み合わせを，下の①〜⑧の中から一つ選びなさい。ただし，図中のニューロンの「○」は細胞体（cell body）を，「＜」は軸索（axon）の末端を表している。 **14**

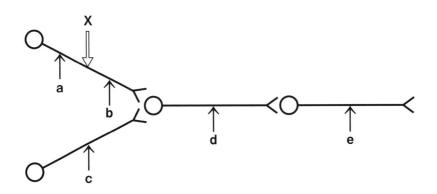

① **a**　　　② **b**　　　③ **a, b**　　　④ **a, b, c**

⑤ **a, b, d**　　⑥ **a, b, d, e**　　⑦ **b, c, d, e**　　⑧ **a, b, c, d, e**

問15 次の文は，ヒトの反射（reflex）について述べたものである。文中の空欄 a ， b にあてはまる語句の正しい組み合わせを，下の①〜⑥の中から一つ選びなさい。

15

ヒトは，熱いものを触れたときに，思わず手を引っ込める。このような反射を a といい，この反射の中枢（center）は b にある。

	a	b
①	しつがい^{けん}腱反射	大脳
②	しつがい腱反射	延髄
③	しつがい腱反射	脊髄^{せきずい}
④	屈筋反射	大脳
⑤	屈筋反射	延髄
⑥	屈筋反射	脊髄

しつがい腱反射（patellar tendon reflex），屈筋反射（flexor reflex），
大脳（cerebrum），延髄（medulla oblongata），脊髄（spinal cord）

問16 次の文は，植物ホルモン（plant hormone）の働きについて述べたものである。文中の空欄 a ， b にあてはまる植物ホルモンの正しい組み合わせを，下の①〜⑥の中から一つ選びなさい。 **16**

植物体に頂芽(apical bud)が存在するときは，頂芽は垂直方向に成長し，側芽(lateral bud) の成長が抑制される。この現象を頂芽優勢（apical dominance）という。頂芽優勢は，頂芽で生成される植物ホルモンである a の働きにより，側芽の基部で b の生成が阻害されるとともに b の分解が促進されるためである。

	a	b
①	アブシシン酸	オーキシン
②	アブシシン酸	サイトカイニン
③	オーキシン	ジベレリン
④	オーキシン	サイトカイニン
⑤	ジベレリン	アブシシン酸
⑥	ジベレリン	サイトカイニン

アブシシン酸（abscisic acid），オーキシン（auxin），
ジベレリン（gibberellin），サイトカイニン（cytokinin）

問17 ある生物の集団において，1組の対立遺伝子（allele）Aとaに着目すると，Aの遺伝子頻度（allele frequency）は 0.4 であることがわかっている。Aはaに対して優性（dominant）（顕性）であり，この集団では<u>ハーディ・ワインベルグの法則（Hardy-Weinberg's law）</u>が成り立つものとする。

(1) 下線部について，ハーディ・ワインベルグの法則が成り立つための条件として**誤っているもの**を，次の①〜⑤の中から一つ選びなさい。　**17**

①　集団の大きさが非常に大きく，遺伝的浮動（genetic drift）の影響を無視できること。

②　すべての個体が自由に交配（cross）すること。

③　集団への個体の移入や集団からの個体の移出が自由におこなわれること。

④　集団内では突然変異（mutation）が起こらないこと。

⑤　個体間で注目する形質において生存力や繁殖力に差がなく，自然選択（natural selection）が働かないこと。

(2) この集団におけるヘテロ接合体（heterozygote）の個体の割合として最も近いものを，次の①〜⑧の中から一つ選びなさい。　**18**

①　0.16　　　　②　0.24　　　　③　0.36　　　　④　0.48

⑤　0.52　　　　⑥　0.64　　　　⑦　0.76　　　　⑧　0.84

模擬試験

第2回

問1　次の文**a**〜**c**は，真核細胞（eukaryotic cell）がもつ細胞小器官（organelle）について述べたものである。**a**〜**c**に該当する細胞小器官の名称の正しい組み合わせを，下の①〜⑥の中から一つ選びなさい。　　　　　**1**

a　二重の生体膜（biomembrane）に取り囲まれており，細胞質（cytoplasm）との連絡のために多数の孔が存在する。

b　一重の生体膜に取り囲まれており，内部にゴルジ体（Golgi body）から輸送された分解酵素が存在する。

c　mRNA の情報に基づくポリペプチド（polypeptide）の合成に関わっている。

	a	b	c
①	葉緑体	リボソーム	リソソーム
②	葉緑体	リソソーム	リボソーム
③	ミトコンドリア	リボソーム	リソソーム
④	ミトコンドリア	リソソーム	リボソーム
⑤	核	リボソーム	リソソーム
⑥	核	リソソーム	リボソーム

葉緑体（chloroplast），リボソーム（ribosome），リソソーム（lysosome），
ミトコンドリア（mitochondria），核（nucleus）

問2　酵素（enzyme）の働きについて述べた次の文①〜④の中から，**誤っているもの**を一つ選びなさい。　　　　　**2**

①　酵素には，種類によってそれぞれ最も反応速度が大きくなる最適 pH がある。

②　酵素と比較して，無機触媒を用いた反応では，温度が高くなるにつれて反応速度が大きくなる。

③　高温により失活（inactivation）した酵素を冷却すると，再び活性をもつようになる。

④　酵素には，その機能を果たすために補酵素（coenzyme）を必要とするものがある。

問3 酵母（yeast）のおこなうアルコール発酵（alcoholic fermentation）のグルコース（glucose）を用いた場合の反応式は，次のように表される。反応式中の $\boxed{\text{A}}$ にあてはまる物質の化学式，および，生じたエネルギーを用いてグルコース 1 分子あたりに差し引き生じる ATP の分子数の正しい組み合わせを，下の①〜④の中から一つ選びなさい。 $\boxed{\textbf{3}}$

$$C_6H_{12}O_6 \longrightarrow 2C_2H_5OH + 2\boxed{\text{A}} + \text{エネルギー}$$

	$\boxed{\text{A}}$ にあてはまる物質	生じる ATP の分子数
①	CO_2	2 分子
②	CO_2	38 分子
③	O_2	2 分子
④	O_2	38 分子

問4　ある遺伝子DNAについて，mRNAを合成する際に鋳型（template）となる鎖の塩基配列（base sequence）を調べたところ，次のようであった。この塩基配列から合成されたmRNAは開始コドン（initiation codon）と終止コドン（stop codon）を含んでおり，mRNAから合成されたポリペプチド（polypeptide）は，DNAの塩基配列の下に示したように5個のアミノ酸（amino acid）からなっていたが，ある部位に突然変異（mutation）が起こり，合成されるポリペプチドのアミノ酸の数が3個に減少した。DNAの塩基配列のどこにどのような変異が起こったと考えられるか。必要であれば後のコドン表を用いて，正しいものを下の①～④中から一つ選びなさい。なお，DNA鎖をもとに合成されたmRNAは左から右に翻訳（translation）されるものとし，DNAの左端のAを1番目の塩基（base），右端のGを20番目の塩基とする。 　　**4**

A T A C A T A G C A A G T A C C A C T G

合成されるアミノ酸配列：メチオニン（methionine）**－チロシン**（tyrosine）
　　　　　　　－アルギニン（arginine）**－セリン**（serine）**－トリプトファン**（tryptophan）

①　10番目の **A** が **T** に置換（substitution）した。
②　12番目の **G** が **T** に置換した。
③　15番目の **C** が **T** に置換した。
④　16番目の **C** が **T** に置換した。

		2番目の塩基				
		U	C	A	G	
1番目の塩基	U	UUU UUC フェニルアラニン / UUA UUG ロイシン	UCU UCC UCA UCG セリン	UAU UAC チロシン / UAA UAG （終止）	UGU UGC システイン / UGA （終止） / UGG トリプトファン	U C A G
	C	CUU CUC CUA CUG ロイシン	CCU CCC CCA CGC プロリン	CAU CAC ヒスチジン / CAA CAG グルタミン	CGU CGC CGA CGG アルギニン	U C A G
	A	AUU AUC イソロイシン AUA / AUG メチオニン（開始）	ACU ACC ACA ACG トレオニン	AAU AAC アスパラギン / AAA AAG リシン	AGU AGC セリン / AGA AGG アルギニン	U C A G
	G	GUU GUC GUA GUG バリン	GCU GCC GCA GCG アラニン	GAU GAC アスパラギン酸 / GAA GAG グルタミン酸	GGU GGC GGA GGG グリシン	U C A G
						3番目の塩基

フェニルアラニン（phenylalanine），ロイシン（leucine），イソロイシン（isoleucine），バリン（valine），セリン（serine），プロリン（proline），トレオニン（threonine），アラニン（alanine），ヒスチジン（histidine），グルタミン（glutamine），アスパラギン（asparagine），リシン（lysine），アスパラギン酸（aspartic acid），グルタミン酸（glutamic acid），システイン（cysteine），グリシン（glycine）

問 5　ある生物の A−a と B−b の 2 組の対立遺伝子 (allele) について，遺伝子型 (genotype) が *AaBb* の個体に検定交雑 (test cross) をしたところ，次のような表現型 (phenotype) の個体とその分離比 (segregation ratio) が得られた。これに関する下の問い (1), (2) に答えなさい。ただし，A と B はそれぞれ a と b に対して優性 (dominant)（顕性）である。また，遺伝子型 *AABB*, *AaBb* などをもつ個体の表現型は [AB], *AAbb*, *Aabb* は [Ab] などのように示すこととする。

$$[AB]:[Ab]:[aB]:[ab] = 1:9:9:1$$

(1)　検定交雑によって生じた表現型が [AB] の個体の染色体 (chromosome) と遺伝子の関係はどのようになるか。その関係を表した図として正しいものを，次の①〜④の中から一つ選びなさい。

$\boxed{5}$

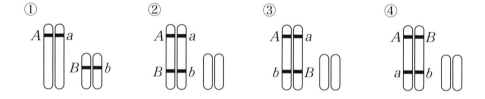

(2)　遺伝子 A と遺伝子 B の間の組換え価 (recombination value) はいくらか。最も適当なものを，次の①〜④の中から一つ選びなさい。　$\boxed{6}$

①　5%　　　　　②　10%　　　　　③　15%　　　　　④　20%

問6 次の図は，ウニ (sea urchin) の初期発生の段階を示した模式図である。**a〜e** を発生の進行順に正しく並べたものを，下の①〜⑤の中から一つ選びなさい。 7

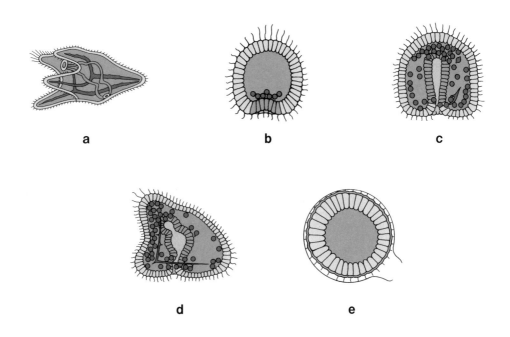

a   b   c

d   e

①   a → d → c → b → e

②   b → c → d → e → a

③   b → d → a → c → e

④   e → c → d → b → a

⑤   e → b → c → d → a

問7 次の図は，イモリ（newt）の眼の形成過程の模式図である。図中の **A** は眼胞（optic vesicle）から眼杯（optic cup）を経て形成される構造，図中の **B** は眼杯の誘導（induction）により形成される構造，図中の **C** は **B** の誘導により形成される構造である。**A**，**B**，**C** にあてはまる語句の正しい組み合わせを，下の①〜④の中から一つ選びなさい。

8

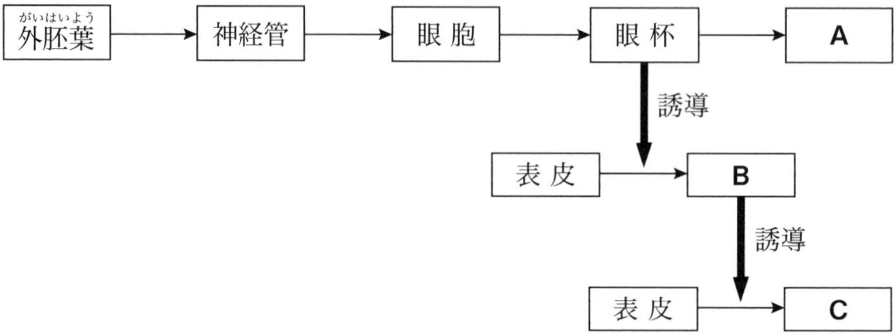

```
外胚葉 → 神経管 → 眼 胞 → 眼 杯 → A
                              ↓誘導
                  表 皮 → B
                              ↓誘導
                  表 皮 → C
```

外胚葉（ectoderm），神経管（neural tube），表皮（epidermis）

	A	B	C
①	角膜	水晶体	網膜
②	角膜	網膜	水晶体
③	網膜	水晶体	角膜
④	網膜	角膜	水晶体

角膜（cornea），水晶体（crystalline lens），網膜（retina）

問8　下の表は，被子植物（angiosperms）のトレニア（*Torenia fournieri*）を用いて，どの細胞が花粉管（pollen tube）の伸長を胚のう（embryo sac）に誘引（attraction）しているかを調べた結果である。この実験結果について述べた文として正しいものを，下の①～⑤の中から一つ選びなさい。なお，表中の−は細胞を破壊したことを，＋は細胞が破壊されずに胚のう中に存在することを示し，レーザー光は他の細胞には影響を与えないものとする。

9

各細胞の存在				誘引頻度（%）
卵細胞	中央細胞	助細胞		
＋	＋	＋	＋	97%
−	＋	＋	＋	93%
＋	−	＋	＋	100%
＋	＋	−	＋	73%
−	−	＋	＋	92%
−	＋	−	＋	60%
＋	−	−	＋	69%
＋	＋	−	−	1%

卵細胞（egg cell），中央細胞（central cell），助細胞（synergid）

① 花粉管は，卵細胞が中央細胞とともに存在する場合には誘引されるが，中央細胞が存在しない場合には誘引されない。

② 花粉管は，中央細胞が卵細胞とともに存在する場合に誘引されるが，卵細胞が存在しない場合には誘引されない。

③ 花粉管は，助細胞が2個の場合には誘引されるが，助細胞が1個で中央細胞が存在する場合には誘引されない。

④ 花粉管は，助細胞が1個でも存在すると誘引されるが，2個とも存在しない場合には誘引されない。

⑤ 助細胞の存在下で花粉管を誘引する効果は，中央細胞の存在の有無によって大きく影響を受ける。

問 9　次の図は，ある哺乳類（mammals）の，二酸化炭素分圧が 40 mmHg および 60 mmHg
のときの，全ヘモグロビン（hemoglobin）に対する酸素ヘモグロビン（oxyhemoglobin）
（酸素と結合しているヘモグロビン）の割合（％）と酸素分圧（mmHg）との関係を示す
酸素解離曲線（oxygen dissociation curve）である。

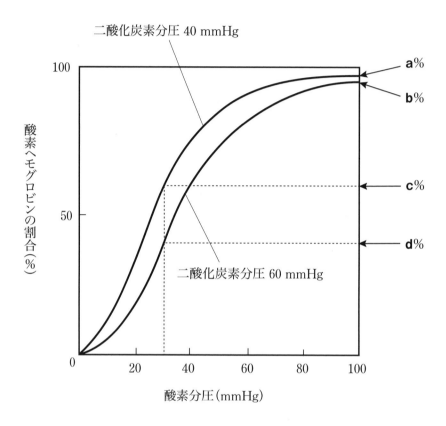

この哺乳類の肺胞(alveolus)の酸素分圧が 100 mmHg，二酸化炭素分圧が 40 mmHg
であり，ある組織（tissue）の酸素分圧が 30 mmHg，二酸化炭素分圧が 60 mmHg で
あるとき，肺胞で結合していた酸素のうち，この組織に与えられる酸素の割合（％）
を示す数式として最も適当なものを，次の①〜④の中から一つ選びなさい。　**10**

①　$\dfrac{a-c}{a} \times 100$　　②　$\dfrac{a-d}{a} \times 100$　　③　$\dfrac{b-c}{b} \times 100$　　④　$\dfrac{b-d}{b} \times 100$

問10　次の図は，腎臓(kidney)の機能的単位となるネフロン(nephron)の模式図である。これについて述べた文中の空欄　a　，　b　にあてはまる語句の正しい組み合わせを，下の①〜⑥の中から一つ選びなさい。　**11**

腎臓において，ろ過(filtration)されたグルコース(glucose)を再吸収する部位は　a　であり，尿(urine)に放出する水分量を最終的にコントロールする部位は　b　である。

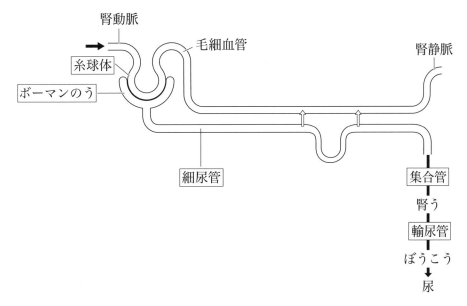

腎動脈(renal artery)，糸球体(glomerulus)，ボーマンのう(Bowman's capsule)，細尿管(腎細管，uriniferous tubule)，腎静脈(renal vein)，集合管(collecting tubule)，腎う(renal pelvis)，輸尿管(ureter)，ぼうこう(bladder)

	a	b
①	糸球体	集合管
②	ボーマンのう	輸尿管
③	細尿管	集合管
④	糸球体	輸尿管
⑤	ボーマンのう	集合管
⑥	細尿管	輸尿管

問11　血糖濃度（blood glucose level）の調節に関わる内分泌腺（endocrine gland）とそこから分泌（secretion）されるホルモン（hormone）について述べた文として正しいものを，次の①〜④の中から一つ選びなさい。　**12**

① 血糖濃度が低下すると，間脳（diencephalon）の視床下部（hypothalamus）がこれを感知し，脳下垂体後葉（posterior pituitary）からバソプレシン（vasopressin）が分泌される。

② 血糖濃度が低下すると，副交感神経（parasympathetic nerve）の働きが交感神経（sympathetic nerve）の働きを上回るようになる。

③ すい臓（pancreas）のランゲルハンス島（islet of Langerhans）は血糖濃度を感知することができ，血糖濃度が低下すると，ランゲルハンス島のB細胞からグルカゴン（glucagon）が分泌される。

④ ヒトなどの哺乳類（mammals）では，血糖濃度を低下させるホルモンはインスリン（insulin）のみである。

問12　細胞性免疫（cell-mediated immunity）のしくみについて述べた文として正しいものを，次の①〜④中から一つ選びなさい。　**13**

① 細胞性免疫は，食作用（phagocytosis）による自然免疫の一種である。

② 病原体（pathogen）を排除する際には，細胞性免疫と体液性免疫（humoral immunity）が同時に働くことはない。

③ リンパ球（lymphocyte）のうち，キラーT細胞（killer T cell）が細菌（bacteria）やウイルス（virus）に感染した細胞を破壊する。

④ 細胞性免疫を医療に応用したものとして，血清療法（serotherapy）がある。

問13 ヒトの受容器（receptor）とそれぞれの受容器が受け取る刺激の正しい組み合わせを，次の①～⑤中から一つ選びなさい。　**14**

	受容器	受け取る刺激
①	かん体細胞	色覚
②	半規管	からだの傾き
③	前庭	からだの回転
④	コルチ器（耳）	温度
⑤	嗅上皮（鼻）	空気中の化学物質

かん体細胞（rod cell），色覚（color vision），半規管（semicircular canal），
前庭（vestibule），コルチ器（Corti's organ），嗅上皮（olfactory epithelium）

問14 次の図は，骨格筋（skeletal muscle）を構成するサルコメア（sarcomere）の構造を模式的に示したものである。ミオシンフィラメント（myosin filament）が分布する部分を暗帯（dark band）といい，アクチンフィラメント（actin filament）のみが分布する部分を明帯（light band）という。骨格筋が収縮（contraction）する際の明帯と暗帯の長さの変化について，正しい組み合わせを，下の①～④の中から一つ選びなさい。　**15**

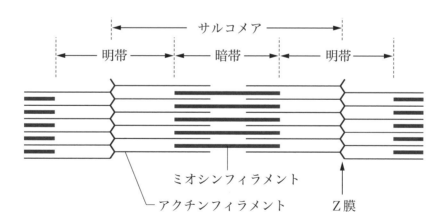

	明帯の長さ	暗帯の長さ
①	変わらない	短くなる
②	変わらない	変わらない
③	短くなる	短くなる
④	短くなる	変わらない

問15　次の図は，長日植物（long-day plant），短日植物（short-day plant），および中性植物（day-neutral plant）のいずれかである3種類の植物 A，B，C をさまざまな明暗周期に置いたときの，それぞれの植物における花芽形成（flower-bud formation）の有無を示したものである。植物 A，B，C のそれぞれの種類は何か。正しい組み合わせを，下の①～⑥の中から一つ選びなさい。　16

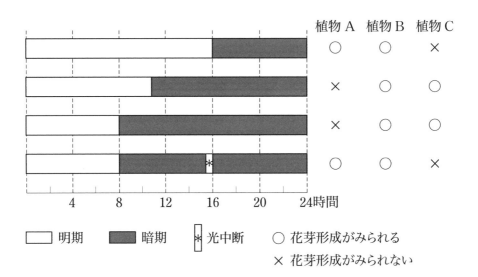

	植物 A	植物 B	植物 C
①	短日植物	中性植物	長日植物
②	短日植物	長日植物	中性植物
③	中性植物	短日植物	長日植物
④	中性植物	長日植物	短日植物
⑤	長日植物	短日植物	中性植物
⑥	長日植物	中性植物	短日植物

問16 次の表は，ある生態系(ecosystem)における太陽からのエネルギー，生産者(producer)の総生産量（gross primary productivity），および消費者の同化量（secondary production）を栄養段階（trophic level）ごとに示したものである。この生態系における一次消費者（primary consumer）のエネルギー効率は生産者のエネルギー効率の何倍か。最も適当な数値を，下の①〜④の中から一つ選びなさい。 **17**

栄養段階	エネルギー量 (J/cm^2/年)
二次消費者	10
一次消費者	50
生産者	500
太陽からのエネルギー	500,000

二次消費者（secondary consumer）

① 2倍　　　　② 10倍　　　　③　　　　100倍　　　　④　1000倍

問17 次の表は，脊椎動物（vertebrate）において，ある共通するタンパク質のアミノ酸配列（amino acid sequence）を比較し，それぞれの動物の間で異なるアミノ酸の数を示したものであり，下の図は，表をもとに作成した分子系統樹（molecular phylogenetic tree）である。

	ウシ	カモノハシ	コイ	カンガルー
ウ シ	0	43	65	26
カモノハシ		0	75	49
コ イ			0	71
カンガルー				0

ウシ（cattle），カモノハシ（platypus），コイ（carp），カンガルー（kangaroo）

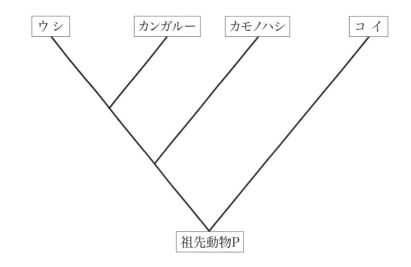

ウシとカンガルーの祖先がおよそ1.3億年前に分岐したと仮定すると，共通の祖先動物Pから，ウシ，カモノハシ，コイ，カンガルーの祖先が分岐したのは今から約　年前であると考えられるか。最も近いものを，次の①～④の中から一つ選びなさい。ただし，各動物から祖先動物Pまでの進化的距離は等しいと仮定する。 **18**

① 1000万年前　　② 1億3000万年前　　③ 3億5000万年前

④ 5億4000万年前

模擬試験

第3回

問 1　次の文は，細胞骨格（cytoskeleton）である微小管（microtubule）について述べたものである。文中の空欄 a ， b にあてはまる語句の正しい組み合わせを，下の①〜⑥の中から一つ選びなさい。 **1**

　　微小管は細胞骨格の一種で，細胞内の物質輸送に関わっている。微小管の基本単位は a というタンパク質である。この a が付加されていく方向を微小管のプラス端といい，その逆方向をマイナス端という。モータータンパク質（motor protein）であるキネシン（kinesin）とダイニン（dynein）の移動方向に関して，キネシンは b に向かい，ダイニンはその反対側に向かって移動する。

	a	b
①	ヒストン	プラス端
②	ヒストン	マイナス端
③	チューブリン	プラス端
④	チューブリン	マイナス端
⑤	アクチン	プラス端
⑥	アクチン	マイナス端

ヒストン（histone），チューブリン（tubulin），アクチン（actin）

問2 次の図は，ミトコンドリア（mitochondria）の断面を模式的に示したものである。部位 A と部位 B は膜構造に取り囲まれた二つの空間を指している。部位 A と部位 B について述べた次の文①〜④の中から，**誤っているもの**を一つ選びなさい。 **2**

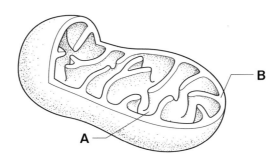

① 部位 A をマトリックス（matrix）といい，ここではクエン酸回路（citric acid cycle）の反応が進行する。

② 部位 A ではグルコース（glucose）などが分解されてピルビン酸（pyruvic acid）が生じる。

③ 部位 B を膜間腔（intermembrane space）といい，ここに水素イオン（H⁺）が貯留する。

④ 部位 B と部位 A を隔てているのはミトコンドリアの内膜（inner membrane）で，ここに ATP 合成酵素（ATP synthase）が存在している。

問3　アゾトバクター（azotobacter）は，大気中の窒素ガス（N₂）をアンモニウムイオン（NH₄⁺）に変換させることができる。アゾトバクターがおこなう反応の名称と，同じ反応をおこなう他の細菌（bacteria）の名称の正しい組み合わせを，次の①～④の中から一つ選びなさい。　**3**

	反応の名称	細菌の名称
①	窒素同化	硝酸菌
②	窒素同化	根粒菌
③	窒素固定	硝酸菌
④	窒素固定	根粒菌

窒素同化（nitrogen assimilation），硝酸菌（nitrate forming bacteria），
窒素固定（nitrogen fixation），根粒菌（root nodule bacteria）

問4 大腸菌（*Escherichia coli*）由来のプラスミド（plasmid）を **A** と **B** の2種類の制限酵素（restriction enzyme）を用いて処理した。

実験Ⅰ：このプラスミドを制限酵素 **A** のみで処理したところ，長さが15,000塩基対（base pair）の DNA 断片のみが得られた。

実験Ⅱ：このプラスミドを制限酵素 **B** のみで処理したところ，長さが6,000塩基対と9,000塩基対の2種類の DNA 断片が得られた。

実験Ⅲ：このプラスミドを制限酵素 **A** と制限酵素 **B** の両方で処理すると，長さが4,000塩基対，5,000塩基対，6,000塩基対の3種類の DNA 断片が得られた。

　このプラスミドにおける制限酵素 **A** と制限酵素 **B** の切断点を表した図として正しいものを，次の①～④の中から一つ選びなさい。ただし，図の中の数値は塩基対の数を示している。　　　　　　　　　　　　　　　　　　　　　　　　　　　　　4

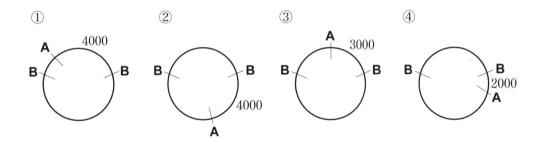

問5 減数分裂（meiosis）について述べた文として正しいものを，次の①～④の中から一つ選びなさい。　　　　　　　　　　　　　　　　　　　　　　　　　　　　5

① 減数分裂では，DNA の複製（replication）はおこなわれずに2回の連続した分裂がおこなわれる。

② 減数第一分裂前期に相同染色体（homologous chromosomes）の対合が起こり，このとき染色体（chromosome）の乗換え（crossing-over）が起こりうる。

③ 相同染色体が8組ある動物に関して，減数分裂で得られる配偶子（gamete）のもつ染色体の組み合わせは最大16種類となる。

④ 1個の一次卵母細胞（primary oocyte）は減数分裂を経て，やがて4個の卵細胞（egg cell）となる。

問6　次の表は，ある昆虫（insect）の純系の野生型個体［ABC］と変異型個体［abc］とを交配（cross）して得られたF₁に，変異型個体［abc］を交配した結果得られた次世代の表現型（phenotype）と個体数を表している。遺伝子A－B間，A－C間の組換え価（recombination value）（％）の組み合わせとして正しいものを，下の①～⑧の中から一つ選びなさい。なお，大文字は小文字に対して優性（dominant）（顕性）である。 **6**

表現型	個体数
［ＡＢＣ］	598
［ＡＢｃ］	41
［ＡｂＣ］	343
［ａＢＣ］	8
［Ａｂｃ］	12
［ａＢｃ］	357
［ａｂＣ］	39
［ａｂｃ］	602
計	2000

	Ａ－Ｂ間	Ａ－Ｃ間
①	31（％）	1（％）
②	31（％）	4（％）
③	31（％）	5（％）
④	36（％）	1（％）
⑤	36（％）	4（％）
⑥	36（％）	5（％）
⑦	39（％）	1（％）
⑧	39（％）	4（％）

問7 次の図は，イモリ（newt）の後期神経胚（late neurula）の断面を模式的に示した
ものである。それぞれの部位の名称と分化（differentiation）する器官（organ）の正
しい組み合わせを，下の①～④の中から一つ選びなさい。 **7**

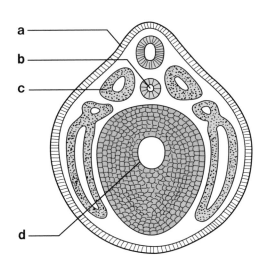

	部位の名称	分化する器官
①	**a** － 表 皮	肺
②	**b** － 神経管	脳
③	**c** － 体 節	脊椎骨
④	**d** － 腸 管	心 臓

表皮（epidermis），肺（lung），神経管（neural tube），体節（segment），
脊椎骨（spine bone），腸管（intestinal tract）

問 8　次の図に模式的に示すように，シロイヌナズナ（*Arabidopsis thaliana*）の花の形成には，**A** クラス，**B** クラス，**C** クラスの 3 種類のホメオティック遺伝子（homeotic gene）が関わっており，この 3 種類の遺伝子の組み合わせによって，外側から内側（図中の 1 → 2 → 3 → 4）の順に，がく片（sepal），花弁（petal），おしべ（stamen），めしべ（pistil）が形成される。これらの遺伝子のうち，**A** クラスの遺伝子と **C** クラスの遺伝子はたがいに抑制しあっており，片方の遺伝子が機能を失うと，もう片方の遺伝子が 1 ～ 4 のすべての領域で働く。このとき，**A** クラスの遺伝子が欠損した個体に形成される構造を外側から内側の順に正しく並べたものを，下の①～④の中から一つ選びなさい。　　**8**

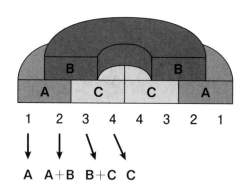

A のみ：がく片
A＋**B**：花弁
B＋**C**：おしべ
C のみ：めしべ

	1	2	3	4
①	めしべ →	おしべ →	おしべ →	めしべ
②	めしべ →	めしべ →	おしべ →	おしべ
③	がく片 →	花　弁 →	花　弁 →	がく片
④	花　弁 →	花　弁 →	おしべ →	おしべ

問9　腎臓（kidney）の機能的単位であるネフロン（nephron）について述べた文として正しいものを，次の①〜⑤の中から一つ選びなさい。　**9**

①　ネフロンはボーマンのう（Bowman's capsule）と糸球体（glomerulus）からなる。

②　グルコース（glucose）は糸球体でろ過（filtration）されないため，尿（urine）中には含まれない。

③　タンパク質はボーマンのうにろ過されるが，細尿管（uriniferous tubule）ですべて再吸収される。

④　水の再吸収は細尿管と集合管（collecting tubule）の両方でおこなわれる。

⑤　濃縮率とは，ある物質の尿中濃度で原尿（primitive urine）中の濃度を割って求めた比率のことである。

問10　次の文は，ヒトの体液（body fluid）濃度が低下したときに起こる反応について述べたものである。文中の空欄　**a**　〜　**c**　にあてはまる語句の正しい組み合わせを，下の①〜⑧の中から一つ選びなさい。　**10**

　　からだの水分量が増加し体液濃度が低下すると，　**a**　がこれを感知し，体液濃度が高くなるように，脳下垂体後葉（posterior pituitary）から分泌される　**b**　の量を減らす。これにより腎臓（kidney）での水の再吸収量が　**c**　する。

	a	b	c
①	間脳視床下部	バソプレシン	増加
②	間脳視床下部	バソプレシン	減少
③	間脳視床下部	鉱質コルチコイド	増加
④	間脳視床下部	鉱質コルチコイド	減少
⑤	脳下垂体前葉	バソプレシン	増加
⑥	脳下垂体前葉	バソプレシン	減少
⑦	脳下垂体前葉	鉱質コルチコイド	増加
⑧	脳下垂体前葉	鉱質コルチコイド	減少

間脳（diencephalon），視床下部（hypothalamus），バソプレシン（vasopressin），鉱質コルチコイド（mineralocorticoid），脳下垂体前葉（anterior pituitary）

問11 ヒトの血糖濃度 (blood glucose level) の調節について述べた次の文 a ～ d のうち, 正しいものの組み合わせを, 下の①～⑥の中から一つ選びなさい。 **11**

a 視床下部 (hypothalamus) が血糖濃度の低下を感知し, 脳下垂体前葉 (anterior pituitary) からの糖質コルチコイド (glucocorticoid) の分泌 (secretion) が促進される。

b 血糖濃度が低下すると, 視床下部から交感神経 (sympathetic nerve) を介して副腎髄質 (adrenal medulla) が刺激され, アドレナリン (adrenaline) が分泌される。

c 血糖濃度が上昇すると, すい臓 (pancreas) のランゲルハンス島 (islet of Langerhans) にある B 細胞からインスリン (insulin) が分泌される。

d 血糖濃度が上昇すると, グリコーゲン (glycogen) からグルコース (glucose) を生成する反応が促進される。

① a, b ② a, c ③ a, d ④ b, c ⑤ b, d ⑥ c, d

問12 アナフィラキシーショック（anaphylactic shock）について述べた文として正しい
　　 ものを，次の①～④の中から一つ選びなさい。　　　　　　　　　　　　**12**

① 無毒化した病原体（pathogen）もしくはその産物を人体にあらかじめ注射し，人
　 工的に抗体（antibody）をつくらせる。

② 免疫細胞（immune cell）が自身のからだを構成する細胞あるいは成分を抗原
　 （antigen）として認識し，排除しようとする。

③ 免疫系（immune system）が小麦やピーナッツ（peanut）などを抗原として認
　 識し，生命に危険をもたらすような過度な免疫反応（immunoreaction）を起こす。

④ ヘルパーT細胞（helper T cell）がウイルス（virus）に感染されることによっ
　 て免疫機能が低下し，健常者では発症しない病気を発症する。

問13 次の文は，ヒトの網膜（retina）とそこに存在する視細胞（visual cell）について
　　 述べたものである。文中の空欄 **a** ～ **c** にあてはまる語句の正しい組み合わせ
　　 を，下の①～⑧の中から一つ選びなさい。　　　　　　　　　　　　　　**13**

　　 ヒトの網膜には色を識別するための **a** 細胞が密集する部位があり，この部位の
　　 ことを **b** という。 **a** 細胞は，ヒトの場合には，吸収する波長帯が異なる
　　 c 種類が存在している。

	a	b	c
①	かん体	黄斑（おうはん）	3
②	かん体	黄斑	2
③	かん体	盲斑（もうはん）	3
④	かん体	盲斑	2
⑤	錐体（すい）	黄斑	3
⑥	錐体	黄斑	2
⑦	錐体	盲斑	3
⑧	錐体	盲斑	2

かん体細胞（rod cell），黄斑（macula lutea），盲斑（blind spot），錐体細胞（cone cell）

問14 セグロカモメ（herring gull）のえさねだり行動がどのような刺激で誘発されるかを検証する実験をおこなった。それぞれの実験でくちばし（beak）の色の異なる親鳥の模型を用いたところ，えさねだり行動の誘発率に差がみられた。これらの実験の結果に基づき，セグロカモメのえさねだり行動を引き起こす決定的な刺激は何か。またこのような刺激を何というか。正しい組み合わせを，下の①～④の中から一つ選びなさい。　　　　　　　　　　　　　　　　　　　　　　　　　　14

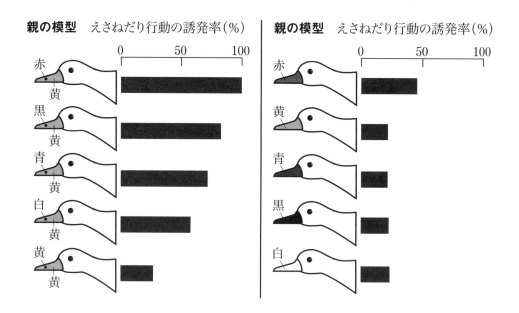

	決定的な刺激	刺激の種類
①	くちばしにある斑点と周りの色彩の対比	かぎ刺激
②	くちばしの色	かぎ刺激
③	くちばしにある斑点と周りの色彩の対比	適刺激
④	くちばしの色	適刺激

かぎ刺激（key stimulus），適刺激（adequate stimulus）

問15 植物の光屈性 (phototropism) には，植物ホルモン (plant hormone) であるオーキシン (auxin) が関わっている。イネ科 (Poaceae family, Gramineae family) の芽生え（幼葉鞘）(coleoptile) を用いて次の図 **a～d** のような実験をしたところ，光を照射した側に屈曲するものと，成長がほとんど見られないものとが観察できた。これらの結果と該当する実験の正しい組み合わせを，下の①～⑧の中から一つ選びなさい。ただし，雲母片 (mica) はオーキシンを透過させず，ゼラチン (gelatin) はオーキシンを透過させるものとする。

15

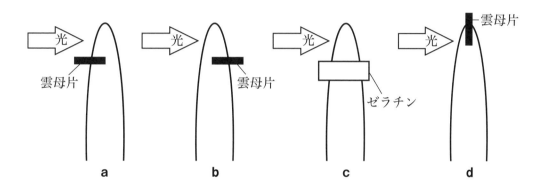

	光を照射した側に屈曲するもの	成長がほとんど見られないもの
①	**b, c**	**a**
②	**b, d**	**a**
③	**a, c**	**b**
④	**a, d**	**b**
⑤	**a, b**	**c**
⑥	**a, d**	**c**
⑦	**a, b**	**d**
⑧	**a, c**	**d**

問16 次の文は，植物ホルモン（plant hormone）について述べたものである。文中の空欄 a ～ c にあてはまる語句の正しい組み合わせを，下の①～⑧の中から一つ選びなさい。 **16**

種子の休眠は a によって維持されるが，胚（embryo）で b が合成されるとともに発芽（germination）に適した条件がそろうと，種子は発芽する。植物体の成長時には， b によって細胞壁（cell wall）のセルロース（cellulose）繊維が横方向にそろえられ，さらに細胞壁の構造をゆるめる植物ホルモンである c が作用することで，植物体の伸長成長が促進される。

	a	b	c
①	サイトカイニン	エチレン	オーキシン
②	サイトカイニン	エチレン	サイトカイニン
③	サイトカイニン	ジベレリン	オーキシン
④	サイトカイニン	ジベレリン	サイトカイニン
⑤	アブシシン酸	エチレン	オーキシン
⑥	アブシシン酸	エチレン	サイトカイニン
⑦	アブシシン酸	ジベレリン	オーキシン
⑧	アブシシン酸	ジベレリン	サイトカイニン

サイトカイニン（cytokinin），エチレン（ethylene），オーキシン（auxin），
ジベレリン（gibberellin），アブシシン酸（abscisic acid）

問17 次の図は、バイオーム（biome）の分布を示したものである。図中の **A** と **B** に該当するバイオームの名称の正しい組み合わせを、下の①〜④の中から一つ選びなさい。

17

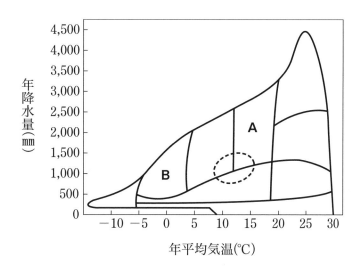

	A	B
①	雨緑樹林	針葉樹林
②	雨緑樹林	夏緑樹林
③	照葉樹林	針葉樹林
④	照葉樹林	夏緑樹林

雨緑樹林（rain green forest），針葉樹林（coniferous forest），
夏緑樹林（summer green forest），照葉樹林（laurel forest）

問18 次の図は，コケ植物（bryophytes）の生活環（life cycle）を模式的に示したものである。減数分裂（meiosis）が進行する段階と，配偶体の核相（nuclear phase）についての正しい組み合わせを，下の①〜⑧の中から一つ選びなさい。 **18**

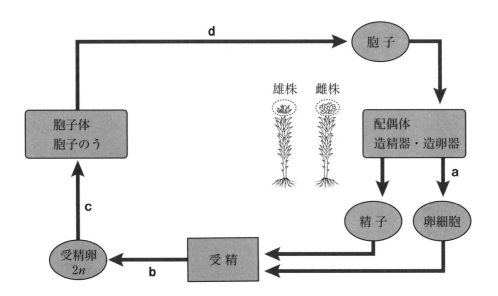

胞子（sporic），卵細胞（egg cell），精子（sperm），受精（fertilization），受精卵（fertilized egg）

	減数分裂が 進行する段階	配偶体の 核相
①	**a**	n
②	**b**	n
③	**c**	n
④	**d**	n
⑤	**a**	$2n$
⑥	**b**	$2n$
⑦	**c**	$2n$
⑧	**d**	$2n$

模擬試験

第4回

問1 次の表は，ホウレンソウ（spinach）の葉の葉肉細胞 (mesophyll cell)，ヒトの肝細胞 (hepatocyte)，大腸菌 (*Escherichia coli*) の3種類の細胞 (cell) に含まれる構造体 **A〜C** の有無を示したものである。＋は存在することを，−は存在しないことを表している。

	ホウレンソウの葉の葉肉細胞	ヒトの肝細胞	大腸菌
A	＋	−	＋
B	＋	−	−
C	−	＋	−

表中の **A〜C** にあてはまる構造体の正しい組み合わせを，次の①〜⑥の中から一つ選びなさい。 **1**

	A	**B**	**C**
①	葉緑体	中心体	細胞壁
②	葉緑体	細胞壁	中心体
③	細胞壁	葉緑体	中心体
④	細胞壁	中心体	葉緑体
⑤	中心体	細胞壁	葉緑体
⑥	中心体	葉緑体	細胞壁

葉緑体（chloroplast），中心体（centrosome），細胞壁（cell wall）

問2 次の文 **a ～ d** は, タンパク質の高次構造について述べたものである。正しいものを二つ選び, その組み合わせを, 下の①～⑥の中から一つ選びなさい。 $\boxed{2}$

a タンパク質の一次構造 (primary structure) とは, 水素結合 (hydrogen bond) によって結合したアミノ酸 (amino acid) の配列順序のことである。

b タンパク質の二次構造 (secondary structure) は, おもに α ヘリックス (α -helix) 構造と β シート (β -sheet) 構造の 2 種類からなる。

c タンパク質の三次構造 (tertiary structure) は, 二次構造によって形成された複雑な立体構造であり, 一部に S-S 結合 (S-S bond) をもつため, 熱に強い。

d タンパク質の四次構造 (quaternary structure) とは, 複数のポリペプチド (polypeptide) が組み合わさってつくられる立体構造のことである。

① **a, b** ② **a, c** ③ **a, d** ④ **b, c** ⑤ **b, d** ⑥ **c, d**

問3 次の図は，微生物が酸素を用いずにおこなう発酵（fermentation）の過程を模式的に示したものである。これに関する下の問い(1), (2)に答えなさい。

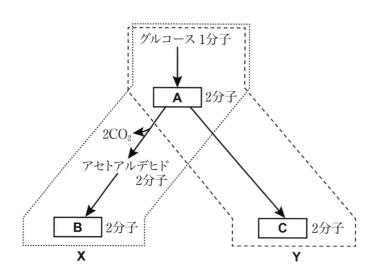

グルコース (glucose), アセトアルデヒド (acetaldehyde)

(1) 図中の **A 〜 C** にあてはまる物質はそれぞれ何か。正しい組み合わせを，次の①〜⑥の中から一つ選びなさい。　　　　　　　　　　　　　　　　　　**3**

	A	B	C
①	乳　酸	ピルビン酸	エタノール
②	乳　酸	エタノール	ピルビン酸
③	エタノール	ピルビン酸	乳　酸
④	エタノール	乳　酸	ピルビン酸
⑤	ピルビン酸	エタノール	乳　酸
⑥	ピルビン酸	乳　酸	エタノール

乳酸 (lactic acid), エタノール (ethanol), ピルビン酸 (pyruvic acid)

(2) 図中の **X** および **Y** の反応をおこなうことが可能な微生物 (microbe) または細胞 (cell)

の正しい組み合わせを，次の①〜⑥の中から一つ選びなさい。　**4**

	X	Y
①	乳酸菌	酵　母
②	乳酸菌	骨格筋細胞
③	酵　母	大腸菌
④	酵　母	骨格筋細胞
⑤	大腸菌	乳酸菌
⑥	大腸菌	骨格筋細胞

乳酸菌 (lactobacillus)，酵母 (yeast)，
骨格筋細胞 (skeletal muscle)，大腸菌 (*Escherichia coli*)

問4 動植物の枯死体（dead matter）・遺体・排出物（excreta）に由来する有機窒素化合物（organic nitrogen compound）は，分解者（decomposer）によってNH_4^+に分解され，さらに土壌中や水中に存在する細菌（bacteria）によって次の**A**の反応によりNO_2^-を経てNO_3^-に変えられる。NO_3^-は，通常は再び植物の窒素同化（nitrogen assimilation）に利用されるが，ごく一部は，酸素が存在しない条件下で，ある細菌の働きで次の**B**の反応によりN_2に変えられる。これに関する下の問い(1)，(2)に答えなさい。

$$\mathbf{A} : NH_4^+ \longrightarrow NO_2^- \longrightarrow NO_3^-$$

$$\mathbf{B} : NO_3^- \longrightarrow N_2$$

(1) **A**と**B**の反応の名称と，その作用をおこなう細菌の例の正しい組み合わせを，次の①〜⑥の中から一つ選びなさい。　**5**

	反応の名称	細菌の名称
①	**A**−窒素固定	アゾトバクターや根粒菌
②	**A**−硝化	亜硝酸菌や硝酸菌
③	**A**−脱窒	脱窒素細菌
④	**B**−窒素固定	アゾトバクターや根粒菌
⑤	**B**−硝化	脱窒素細菌
⑥	**B**−脱窒	亜硝酸菌や硝酸菌

窒素固定 (nitrogen fixation), アゾトバクター (azotobacter), 根粒菌 (root nodule bacteria), 硝化 (nitrification), 亜硝酸菌 (nitrite bacteria), 硝酸菌 (nitrate forming bacteria), 脱窒 (Denitrification)

(2) 窒素同化（nitrogen assimilation）について述べた文として正しいものを，次の①
〜④の中から一つ選びなさい。 $\boxed{6}$

① 窒素同化の過程では，通常は，空気中の N_2 から $NO_3{}^-$ がつくられて植物に利用
される。

② 植物は，根から吸収した $NO_3{}^-$ を再び $NH_4{}^+$ に還元し，これと有機酸（organic
acid）からアミノ酸（amino acid）を合成する。

③ 植物が根から吸収したアミノ酸をもとに有機窒素化合物（organic nitrogen
compound）を合成することを，窒素同化という。

④ 窒素同化によって合成される有機窒素化合物には，タンパク質のほかに核酸
（nucleic acid）や脂肪酸（fatty acid），乳酸（lactic acid）などがある。

問5 次の図は，真核生物（eukaryote）のスプライシング（splicing）の過程を模式的に示したものである。スプライシングで取り除かれる塩基配列（base sequence）の名称と，スプライシングが起こる場所の正しい組み合わせを，下の①〜④の中から一つ選びなさい。　　　　　　　　　　　　　　　　　　　　　　　　　　　　　　　　7

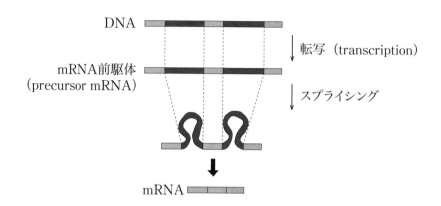

	取り除かれる塩基配列の名称	スプライシングが起こる場所
①	イントロン	細胞質
②	イントロン	核
③	エキソン	細胞質
④	エキソン	核

イントロン（intron），細胞質（cytoplasm），核（core），エキソン（exon）

問6 PCR（ポリメラーゼ連鎖反応，polymerase chain reaction）法について述べた次の文①〜④の中から，**誤っているもの**を一つ選びなさい。　　　　　　　　　8

① PCR法は，おもに特定のDNA領域を大量に増幅させるための技術である。

② PCR法において，約95℃まで加熱する目的は，2本鎖DNAを1本鎖に解離することである。

③ PCR法で使用されるプライマー（primer）は，短いRNAの断片である。

④ PCR法では，好熱菌（thermophile）由来の耐熱性のDNAポリメラーゼ（DNA polymerase）が使用されている。

問7 次の図は，ショウジョウバエ（*Drosophila*）の雄の個体における体細胞（somatic cell）の染色体（chromosome）構成と，常染色体（autosome）に存在する3対の対立遺伝子（allele）**A** と **a**，**B** と **b**，**C** と **c** の位置関係を模式的に示したものである。この個体の精子（sperm）形成に関する下の問い(1)，(2)に答えなさい。

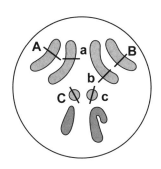

(1) この個体の精子形成について述べた文として正しいものを，次の①〜④の中から一つ選びなさい。　　**9**

① 減数第一分裂前期（prophase I）に相同染色体（homologous chromosome）の間に乗換え（crossing over）が起こりうるので，図中の **A** と **B**，**a** と **b** が同一の染色体上に位置することがある。

② 二次精母細胞（secondary spermatocyte）は核相（nuclear phase）が複相（$2n$）なので，図中の **A** と **a**，**B** と **b** が1個の細胞中にみられる。

③ 精細胞（spermatid）は細胞質（cytoplasm）のほとんどを脱落させ，変形して精子に変わるが，精子の尾部にはミトコンドリア（mitochondria）が残存する。

④ 減数分裂（meiosis）の結果，1個の一次精母細胞（primary spermatocyte）から4個の精子が産生される。

(2) この個体が減数分裂によって精子をつくる際に，図中の**A**，**B**，**C**の３つの遺伝子（gene）が同一の配偶子（gamete）に分配される確率はいくらか。最も近い数値を，次の①〜⑤の中から一つ選びなさい。　**10**

① $\dfrac{1}{2}$　　② $\dfrac{1}{4}$　　③ $\dfrac{1}{8}$　　④ $\dfrac{1}{16}$　　⑤ $\dfrac{1}{32}$

問8　次の図は，イモリ（newt）の胞胚期（blastula stage）の原基分布（予定運命）を模式的に示したものである。部位 **A** および部位 **B** の予定運命と，部位 **A** および部位 **B** から分化する器官の例の正しい組み合わせを，下の①〜⑧の中から一つ選びなさい。　**11**

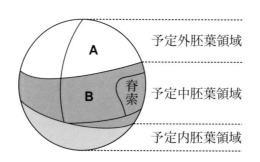

	部位 **A** および部位 **B** の予定運命	部位 **A** および部位 **B** から分化する器官の例
①	**A**−表皮，**B**−体節	**A**−水晶体，**B**−骨格筋
②	**A**−表皮，**B**−体節	**A**−表皮，　**B**−心臓
③	**A**−表皮，**B**−側板	**A**−水晶体，**B**−骨格筋
④	**A**−表皮，**B**−側板	**A**−表皮，　**B**−心臓
⑤	**A**−神経，**B**−体節	**A**−脊髄，　**B**−脊椎骨
⑥	**A**−神経，**B**−体節	**A**−脳，　　**B**−肝臓
⑦	**A**−神経，**B**−側板	**A**−脊髄，　**B**−脊椎骨
⑧	**A**−神経，**B**−側板	**A**−脳，　　**B**−肝臓

表皮 (epidermis)，体節 (segment)，水晶体 (crystalline lens)，骨格筋 (skeletal muscle)，側板 (lateral plate)，神経 (nerve)，脊髄 (spinal cord)，脊椎骨 (vertebra)，肝臓 (liver)

問9 次の文は，ヒトの血液凝固（blood coagulation）のしくみについて述べたものである。文中の空欄 **a** 〜 **c** にあてはまる語句の正しい組み合わせを，下の①〜⑧の中から一つ選びなさい。　**12**

　ヒトの体には，血液凝固により出血を防ぐしくみが存在する。血管壁が損傷して出血すると，その部分に **a** がたくさん集まり，出血をおさえる。また **a** などが放出する血液凝固因子によって **b** というタンパク質が集まって繊維（fiber）をつくる。この繊維によって血球（blood corpuscle）がからめ取られ，**c** が形成される。

	a	b	c
①	赤血球	トロンビン	血清
②	赤血球	トロンビン	血ぺい
③	赤血球	フィブリン	血清
④	赤血球	フィブリン	血ぺい
⑤	血小板	トロンビン	血清
⑥	血小板	トロンビン	血ぺい
⑦	血小板	フィブリン	血清
⑧	血小板	フィブリン	血ぺい

赤血球（erythrocyte），トロンビン（thrombin），血清（serum），血ぺい（blood clot），フィブリン（fibrin），血小板（platelets）

問10　次の図は，ヒトの免疫グロブリン（immunoglobulin）の構造を模式的に示したものである。抗原（antigen）と特異的に結合する部位と，その部位の名称の正しい組み合わせを，下の①～④の中から一つ選びなさい。　　13

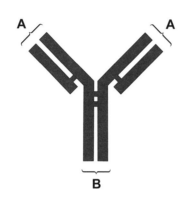

	抗原と特異的に結合する部位	その部位の名称
①	A	可変部
②	A	定常部
③	B	可変部
④	B	定常部

可変部 (variable region)，定常部 (constant region)

問11　次の図は，ヒトの耳に存在する，ある受容器（receptor）の構造を模式的に示したものである。この受容器の名称，感じる刺激，および存在する部位の正しい組み合わせを，下の①〜⑥の中から一つ選びなさい。　**14**

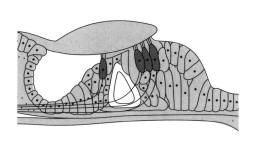

	受容器の名称	感じる刺激	存在する部位
①	コルチ器	音	うずまき管
②	コルチ器	傾き	前庭
③	コルチ器	回転	半規管
④	平衡石	音	半規管
⑤	平衡石	傾き	前庭
⑥	平衡石	回転	うずまき管

コルチ器 (Corti's organ)，うずまき管（cochlear duct），前庭 (vestibule)，
半規管 (semicircular canal)，平衡石 (statolith)

問12 次の文は，ヒトの骨格筋（skeletal muscle）の収縮（contraction）のしくみについて述べたものである。文中の空欄 a ～ e にあてはまる語句の正しい組み合わせを，下の①～⑧の中から一つ選びなさい。 **15**

運動神経（motor nerve）の刺激により骨格筋繊維が興奮すると，この興奮（excitation）が筋原繊維（myofibril）をおおっている筋小胞体（sarcoplasmic reticulum）に伝えられ，筋小胞体内に蓄積された a が放出される。放出された a が b フィラメントを構成する c に結合すると， d の構造が変化し， e 頭部が b フィラメントと結合できるようになる。このことで， e 頭部は ADP とリン酸（phosphoric）を放出し， b フィラメントをたぐりよせるため，筋収縮（muscle contraction）が起こる。

	a	b	c	d	e
①	Na^+	アクチン	トロポニン	トロポミオシン	ミオシン
②	Na^+	アクチン	トロポミオシン	トロポニン	ミオシン
③	Na^+	ミオシン	トロポニン	トロポミオシン	アクチン
④	Na^+	ミオシン	トロポミオシン	トロポニン	アクチン
⑤	Ca^{2+}	アクチン	トロポニン	トロポミオシン	ミオシン
⑥	Ca^{2+}	アクチン	トロポミオシン	トロポニン	ミオシン
⑦	Ca^{2+}	ミオシン	トロポニン	トロポミオシン	アクチン
⑧	Ca^{2+}	ミオシン	トロポミオシン	トロポニン	アクチン

アクチン (actin)，トロポニン (troponin)，トロポミオシン (tropomyosin)，ミオシン (myosin)

問13 次のグラフは，ある生態系（ecosystem）における捕食者（predator）と被食者（prey）の個体数（生息数）の周期的な変化を示したものである。捕食者の曲線は，**A** と **B** のどちらか。また，このグラフに基づいて描かれる捕食者と被食者の個体数の相関的な変化を適切に示した図は，**X** と **Y** のどちらか。正しい組み合わせを，下の①～④の中から一つ選びなさい。 16

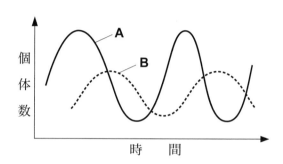

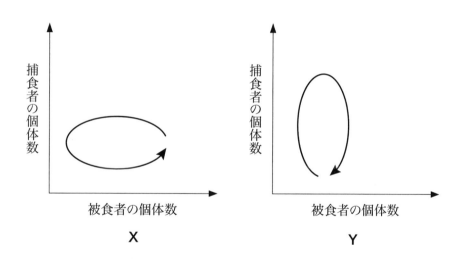

	捕食者の曲線	相関的な変化を適切に示した図
①	**A**	**X**
②	**A**	**Y**
③	**B**	**X**
④	**B**	**Y**

問14 次の文は，動物の進化（evolution）について述べた文である。文中の空欄 **a** 〜 **c** にあてはまる語句の正しい組み合わせを，下の①〜⑥の中から一つ選びなさい。 **17**

恐竜（dinosaurs）を代表とする大型のは虫類（reptiles）は， **a** に繁栄した。恐竜を祖先とする鳥類（birds）は， **a** の **b** に出現したと考えられる。人類は， **a** の後の **c** に出現したと考えられる。

	a	b	c
①	古生代	ペルム紀	中生代
②	古生代	ジュラ紀	中生代
③	古生代	白亜紀	中生代
④	中生代	ペルム紀	新生代
⑤	中生代	ジュラ紀	新生代
⑥	中生代	白亜紀	新生代

古生代（Paleozoic era），ペルム紀（Permian period），中生代（Mesozoic era），
ジュラ紀（Jurassic period），白亜紀（Cretaceous era），新生代（Cenozoic era）

問15 オオシモフリエダシャク（peppered moth）には，体色が白っぽい明色型の個体と黒っぽい暗色型の個体が存在する。田園地帯では明色型の個体が多く生息するが，工業地帯（industrial region）では暗色型の個体の割合が急増したことがわかった。工業地帯のオオシモフリエダシャクで暗色型の個体が増加した理由として最も適当なものを，次の①〜⑥の中から一つ選びなさい。 **18**

① 化学物質（chemical substance）により，突然変異（mutation）が誘発されたため。

② 煙や粉塵などが，オオシモフリエダシャクの体に染み込んだため。

③ 新たに種分化（speciation）が起こって，暗色型の別種を生じたため。

④ 自然選択（natural selection）により，明色型の個体が減少したため。

⑤ 周囲の環境の形態や色彩に合わせて，明色型の個体が擬態（mimic）したため。

⑥ 雌の個体が，暗色型の雄の個体を好んで選択したため。

模擬試験

第5回

問 1 次の図は，細胞（cell）内で合成されたインスリン（insulin）などの分泌タンパク質が細胞外に分泌（secrete）されるまでの経路を示したものである。図中の **A 〜 C** にあてはまる細胞構造の正しい組み合わせを，下の①〜⑥の中から一つ選びなさい。

1

リボソーム（ribosome）→ **A** → **B** → **C** → 細胞外へ分泌

	A	B	C
①	粗面小胞体	分泌小胞	ゴルジ体
②	粗面小胞体	ゴルジ体	分泌小胞
③	ゴルジ体	分泌小胞	粗面小胞体
④	ゴルジ体	粗面小胞体	分泌小胞
⑤	分泌小胞	ゴルジ体	粗面小胞体
⑥	分泌小胞	粗面小胞体	ゴルジ体

粗面小胞体（rough endoplasmic reticulum），ゴルジ体（Golgi body）

問 2 細胞骨格（cytoskeleton）には，アクチンフィラメント（actin filament），中間径フィラメント（intermediate filament），および微小管（microtubule）があり，細胞（cell）内でさまざまな働きをもつ。アクチンフィラメントが関与するものは，次の **a 〜 e** のうちのどれか。すべて選んだ組み合わせとして正しいものを，下の①〜⑥の中から一つ選びなさい。

2

a 動物細胞の細胞質分裂（cytokinesis）

b 鞭毛（flagellum）や繊毛（cilia）による運動

c 原形質流動（cytoplasmic streaming）

d 筋収縮（muscle contraction）

e 細胞や核（core）などの形を保つ

① **a，b**　　② **a，c**　　③ **b，d**　　④ **a，c，d**

⑤ **b，c，d**　　⑥ **b，d，e**

問3　呼吸（respiration）の過程は，解糖系（glycolysis），クエン酸回路（citric acid cycle），および電子伝達系（electron transport system）の3段階からなる。これに関する下の問い(1)，(2)に答えなさい。

(1)　これらの3段階の反応が進行する細胞内の部位の正しい組み合わせを，次の①〜④の中から一つ選びなさい。　3

	解糖系	クエン酸回路	電子伝達系
①	細胞質基質	ミトコンドリアのマトリックス	ミトコンドリアの内膜
②	細胞質基質	ミトコンドリアの内膜	ミトコンドリアのマトリックス
③	ミトコンドリアのマトリックス	細胞質基質	ミトコンドリアの内膜
④	ミトコンドリアのマトリックス	ミトコンドリアの内膜	細胞質基質

細胞質基質（cytoplasmic matrix），ミトコンドリア（mitochondria），マトリックス（matrix），内膜（inner membrane）

(2) 次の **a** ～ **c** の反応は，呼吸の 3 段階のいずれかの過程でおこなわれる。それぞれ
の反応は，どの過程でおこなわれているか。正しい組み合わせを，下の①～⑥の中か
ら一つ選びなさい。 4

a ATP 合成酵素（ATP synthase）による酸化的リン酸化が進行する。

b 二酸化炭素を放出する反応がある。

c ピルビン酸（pyruvic acid）が生じる。

	解糖系	クエン酸回路	電子伝達系
①	**a**	**b**	**c**
②	**a**	**c**	**b**
③	**b**	**a**	**c**
④	**b**	**c**	**a**
⑤	**c**	**a**	**b**
⑥	**c**	**b**	**a**

問 4 次の文は，葉緑体（chloroplast）において進行する光合成（photosynthesis）反応について述べたものである。文中の空欄 **a** ～ **d** にあてはまる語句の正しい組み合わせを，下の①～⑧の中から一つ選びなさい。 **5**

　　光化学系 II（photosystem II）では，反応中心のクロロフィル（chlorophyll）が光エネルギーによって活性化（activation）され，電子（e^-）を放出する。e^- を放出した反応中心のクロロフィルには，水の分解によって生じた e^- が補充される。そして，水の分解に伴い，酸素や H^+ が発生する。光化学系 II から放出された e^- は，電子伝達系（electron transport system）を経て光化学系 I（photosystem I）に移動する。このとき，H^+ が **a** から **b** 内部にプロトンポンプ（proton pump）によって輸送される。このようにして蓄積した H^+ は濃度勾配に従って，ATP 合成酵素（ATP synthase）を通って **c** に移動し，この H^+ の移動により ATP が合成される。光化学系 I では，反応中心から受容体に受け渡された e^- が，H^+ とともに $NADP^+$ に受け渡され，NADPH が合成される。このようにして合成された ATP や NADPH は **d** において二酸化炭素を固定する反応で使われる。

	a	b	c	d
①	チラコイド	ストロマ	チラコイド	チラコイド
②	チラコイド	ストロマ	チラコイド	ストロマ
③	チラコイド	ストロマ	ストロマ	チラコイド
④	チラコイド	ストロマ	ストロマ	ストロマ
⑤	ストロマ	チラコイド	チラコイド	チラコイド
⑥	ストロマ	チラコイド	チラコイド	ストロマ
⑦	ストロマ	チラコイド	ストロマ	チラコイド
⑧	ストロマ	チラコイド	ストロマ	ストロマ

チラコイド（thylakoid），ストロマ（stroma）

問5 DNA と RNA の構造について述べた文として正しいものを，次の①〜④の中から一つ選びなさい。 6

① DNA と RNA は，いずれも塩基（base）と糖（sugar）とリン酸（phosphate）からなるヌクレオソーム（nucleosome）を構成単位とする。

② DNA を構成する糖はリボース（ribose）であるが，RNA を構成する糖はデオキシリボース（deoxyribose）である。

③ DNA を構成する塩基はアデニン（adenine），グアニン（guanine），シトシン（cytosine），チミン（thymine）であるが，RNA ではチミンのかわりにウラシル（uracil）が用いられている。

④ DNA においても RNA においても，全塩基中に占めるグアニンとシトシンの割合はほぼ等しくなる。

問6 次の図は，体細胞分裂（somatic cell division）の細胞周期（cell cycle）における細胞1個あたりの DNA 量の変化を示したものである。図中の＊の部分の細胞は，細胞周期のうちのどの時期に相当するか。正しいものを，下の①〜⑧の中から一つ選びなさい。 7

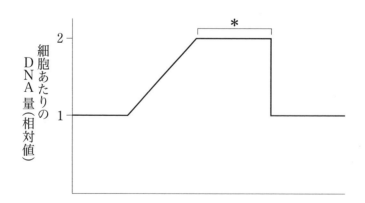

① G_1 期   ② S 期   ③ G_2 期   ④ M 期（分裂期）

⑤ G_1 期＋S 期   ⑥ S 期＋G_2 期   ⑦ G_2 期＋M 期   ⑧ G_1 期＋G_2 期

問7 次の文は，染色体（chromosome）と遺伝子（gene）について述べたものである。
文中の空欄 a ～ d にあてはまる語句の正しい組み合わせを，下の①～⑧の中から一つ選びなさい。 **8**

一つの体細胞内において，父親と母親から1本ずつ引き継がれ，大きさと形が同じで2本が対になる染色体を a といい，2本の a の同じ遺伝子座に異なる遺伝子が存在する場合，これらの遺伝子を b という。たとえば，Aとaという b に関して，AAやaaのような遺伝子型の個体を c 接合体といい，Aaのような遺伝子型の個体を d 接合体という。

	a	b	c	d
①	相同染色体	対立遺伝子	ホモ	ヘテロ
②	相同染色体	対立遺伝子	ヘテロ	ホモ
③	相同染色体	調節遺伝子	ホモ	ヘテロ
④	相同染色体	調節遺伝子	ヘテロ	ホモ
⑤	二価染色体	対立遺伝子	ホモ	ヘテロ
⑥	二価染色体	対立遺伝子	ヘテロ	ホモ
⑦	二価染色体	調節遺伝子	ホモ	ヘテロ
⑧	二価染色体	調節遺伝子	ヘテロ	ホモ

相同染色体（homologous chromosome），対立遺伝子（allele），ホモ接合体（homozygote），
ヘテロ接合体（heterozygote），調節遺伝子（regulator gene），
二価染色体（bivalent chromosome）

問8　被子植物（angiosperms）の配偶子形成（gametogenesis）の過程では，おしべ（stamen）側では花粉四分子（pollen tetrad）や雄原細胞（generative cell）などが生じ，めしべ（pistil）側では胚のう細胞（embryo sac cell）や卵細胞（egg cell）などが生じる。また，受精（fertilization）により，胚（embryo）や胚乳（endosperm）が生じる。これらの細胞とその核相（nuclear phase）の組み合わせとして正しいものを，次の①～⑥の中から一つ選びなさい。　　 $\boxed{9}$

① 花粉四分子 $-2n$　　② 雄原細胞 $-2n$　　③ 胚のう細胞 $-n$

④ 卵細胞 $-2n$　　⑤ 胚 $-3n$　　⑥ 胚乳 $-4n$

問9　次の図は，ヒトの心臓を正面から見たときの心臓断面の模式図である。心臓の拍動（pulsation）をコントロールするペースメーカー（pacemaker）の名称とその位置の正しい組み合わせを，下の①～④の中から一つ選びなさい。　　 $\boxed{10}$

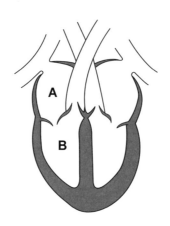

	名称	部位
①	房室結節	A
②	房室結節	B
③	洞房結節	A
④	洞房結節	B

房室結節（atrioventricular node），洞房結節（sinoatrial node）

問10 次の文は，ヒトの体温調節について述べたものである。文中の空欄 a ～ c にあてはまる語句の正しい組み合わせを，下の①～⑧の中から一つ選びなさい。 **11**

ヒトは体温が低下したとき，さまざまなホルモン(hormone)や自律神経系(autonomic nervous system)の働きにより体温を維持しようとする。体の深部体温は a で感知され，a が寒冷刺激を受けると，脳下垂体前葉(anterior pituitary)を介して副腎皮質刺激ホルモン(adrenocorticotropic hormone)が放出され，副腎皮質(adrenal cortex)からの b の放出が促進される。また，交感神経(sympathetic nerve)を介して副腎髄質(adrenal medulla)からの c の放出が促進され，心拍数が上昇する。これらのホルモンの働きにより，肝臓(liver)や心臓などにおける発熱が促進される。

	a	b	c
①	大脳皮質	チロキシン	アドレナリン
②	大脳皮質	チロキシン	グルカゴン
③	大脳皮質	糖質コルチコイド	アドレナリン
④	大脳皮質	糖質コルチコイド	グルカゴン
⑤	間脳視床下部	チロキシン	アドレナリン
⑥	間脳視床下部	チロキシン	グルカゴン
⑦	間脳視床下部	糖質コルチコイド	アドレナリン
⑧	間脳視床下部	糖質コルチコイド	グルカゴン

大脳皮質 (cortex)，チロキシン (thyroxine)，アドレナリン (adrenaline)，グルカゴン (glucagon)，糖質コルチコイド (glucocorticoid)，間脳 (diencephalon)，視床下部 (hypothalamus)

問11　白血球（leukocyte）の中には，自然免疫の一種である食作用（phagocytosis）や，適応免疫（獲得免疫）の一環である抗原提示（antigen presentation）をおこなう細胞が存在する。これら二つの反応の両方をおこなうことが可能な細胞の組み合わせとして正しいものを，次の①～⑥の中から一つ選びなさい。　12

①　好中球（neutrophil），樹状細胞（dendritic cell）

②　好中球，マクロファージ（macrophage）

③　好中球，ヘルパーT細胞（helper T cell）

④　樹状細胞，マクロファージ

⑤　樹状細胞，ヘルパーT細胞

⑥　マクロファージ，ヘルパーT細胞

問12 次の図は，ヒトの脳の断面を模式的に示したものである。呼吸（respiration）や心拍を調節する中枢（center）と，運動の調節や平衡（balance）を保つ中枢は，図中の **A**〜**E** のどの部分にあるか。正しい組み合わせを，下の①〜⑥の中から一つ選びなさい。　13

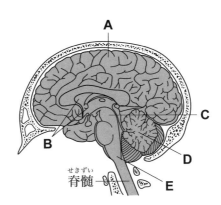

	呼吸や心拍を調節する中枢	運動の調節や平衡を保つ中枢
①	C	A
②	C	B
③	D	B
④	D	C
⑤	E	C
⑥	E	D

問13 植物ホルモン（plant hormone）であるオーキシン（auxin）について述べた次の文①〜④の中から，**誤っているもの**を一つ選びなさい。 | **14** |

①　オーキシンは茎の先端側から基部側に向かう方向のみに輸送されるが，このような方向性をもった物質の移動を極性移動（polar transport）という。

②　植物の芽生え（seedling）を暗所で水平に置くと，オーキシンが重力方向に移動して茎の下側のオーキシン濃度が高くなるため，下側の成長が促進されて，茎は上方に屈曲する。

③　頂芽（apical bud）が産生したオーキシンは下方に移動して側芽（lateral bud）の成長を抑制するが，このような現象を頂芽優勢（apical dominance）という。

④　茎の光屈性（phototropism）は，オーキシンが光のあたる側に移動して光のあたる側の成長を抑制することで起こる。

問14 次の文は，植物の個体群における密度効果について述べたものである。文中の空欄 a ， b にあてはまる語句の正しい組み合わせを，下の①～④の中から一つ選びなさい。

15

　一定の面積内で限られた資源を共有して生育する植物は，その面積内の個体数が多ければ1個体あたりの質量が a 傾向がみられる。したがって，個体群密度（population density）を変えて作物の種子を畑にまくと，単位面積あたりの個体群の質量は，はじめは個体群密度が高いほうが大きくなるが，やがて個体群密度が高いほど種内競争が激しくなる。このため，時間が経過すると，植物の単位面積あたりの個体群全体の質量が個体群密度によらずほぼ一定となる。これを， b の法則という。

	a	b
①	大きくなる	ハーディ・ワインベルグ
②	大きくなる	最終収量一定
③	小さくなる	ハーディ・ワインベルグ
④	小さくなる	最終収量一定

ハーディ・ワインベルグの法則（Hardy-Weinberg's law）

問15 次の図は，生態系（ecosystem）における炭素の循環を模式的に示したものである。図中の **A ～ D** は生産者（producer）・一次消費者（primary consumer）・二次消費者（secondary consumer）・分解者 (decomposer) のいずれかを表している。この図において，生産者と分解者はそれぞれどれか。また，図中の **I ～ V** のうち，炭酸同化 (carbon dioxide assimilation) を示す矢印はどれか。正しい組み合わせを，下の①～⑧の中から一つ選びなさい。　**16**

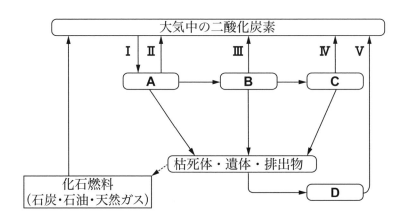

	生産者	分解者	炭酸同化
①	A	D	I
②	A	D	II, III, IV, V
③	B	C	I
④	B	C	II, III, IV, V
⑤	C	B	I
⑥	C	B	II, III, IV, V
⑦	D	A	I
⑧	D	A	II, III, IV, V

問16 キリン (giraffe) の首が長い理由として，ダーウィン (Darwin) の自然選択説 (natural selection theory) とラマルク (Lamarck) の用不用説 (use and disuse theory) が対比されて扱われることがある。ダーウィンの自然選択説の内容に合致する文として正しいものを，次の①～④の中から一つ選びなさい。 **17**

① キリンの長い首は生存において有利に働くため，結果として遺伝子頻度 (allele frequency) が変化した。

② キリンの雌雄は首の長い個体どうしを選択して交配 (cross) するため，結果として遺伝子頻度が変化した。

③ キリンが首を伸ばして高い所にある葉を摂食しようとした結果，首が長くなった。

④ キリンの群れには，そもそも首の長い個体しか存在しなかった。

問17 地球上の多様な生物は，類縁関係の近い生物の集まりから順に，種・属・科・目・綱・門・界・ドメイン（domain）と呼ばれる分類群に階層的に分類される。次の図は，現存する生物を3つのドメインに分けて示した分子系統樹（molecular phylogenetic tree）である。図中の**A**および**B**に入るドメインの名称，および，分子系統樹を作成する際に利用されたデータの正しい組み合わせを，下の①〜④の中から一つ選びなさい。　**18**

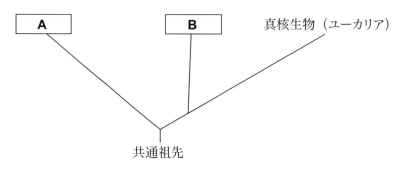

	A	**B**	利用されたデータ
①	アーキア（古細菌）	細菌（バクテリア）	rRNA の塩基配列
②	アーキア（古細菌）	細菌（バクテリア）	リボソームのアミノ酸配列
③	細菌（バクテリア）	アーキア（古細菌）	rRNA の塩基配列
④	細菌（バクテリア）	アーキア（古細菌）	リボソームのアミノ酸配列

アーキア (archaea)，バクテリア (bacteria)，塩基配列 (base sequence)，リボソーム (ribosome)，アミノ酸配列 (amino acid sequence)

模擬試験

第6回

問1 細胞膜（cell membrane）は，細胞の物質輸送（substance transportation）や情報伝達において重要な役割を担っている。細胞膜の構造と働きについて述べた文として正しいものを，次の①～④の中から一つ選びなさい。 $\boxed{1}$

① 細胞膜は，リン脂質（phospholipid）分子が一層に並んでできた，一層の膜構造をもつ。

② グルコース（glucose）やナトリウムイオン（sodium ion）などの水に溶けやすい物質は，細胞膜を自由に通過できる。

③ ある種の細胞の細胞膜表面には，ホルモン（hormone）などの物質を受容する受容体タンパク質（receptor proteins）が存在する。

④ 細胞膜に存在するチャネル（channel）を通して受動的に物質を輸送する際には，エネルギー（energy）が必要である。

問2　酵母（yeast）の細胞中には，グルコース（glucose）を基質（substrate）として発酵（fermentative）を起こさせる酵素群が存在している。この酵素群の性質を調べるため，4本の試験管に A ～ D の組み合わせで各種の溶液（solution）を入れ，発酵が起こるかどうかを調べた。発酵の有無は，ある気体（gas）の発生によって確認した。

試験管	A	B	C	D
グルコース溶液	5 mL	―	5 mL	―
蒸留水	―	5 mL	―	5 mL
常温の酵母抽出液	1 g	1 g	―	―
煮沸した酵母抽出液	―	―	1 g	1 g

蒸留水（distilled water）

　　試験管 A ～ D の中で，発酵が起こる試験管はどれか。また，発生する気体は何か。それらの正しい組み合わせを，次の①～⑧の中から一つ選びなさい。　　**2**

	発酵が起こる試験管	発生する気体
①	A	酸　素（oxygen）
②	A	二酸化炭素
③	B	酸　素
④	B	二酸化炭素
⑤	C	酸　素
⑥	C	二酸化炭素
⑦	D	酸　素
⑧	D	二酸化炭素

問 3　次の文は，窒素固定（nitrogen fixation）と窒素同化 (nitrogen assimilation) について述べたものであるが，文中の下線部 **A ～ D** のうち，1か所に誤りがある。誤っている下線部の記号と，正しい語句の組み合わせを，下の①～④の中から一つ選びなさい。

3

　マメ科植物 (legume) と共生する A根粒菌 (root nodule bacteria) は窒素固定をおこない，大気中の N_2 を NH_4^+ に変えることができる。また，土壌中には NH_4^+ を他の物質に変える過程でエネルギーをとり出す細菌（bacteria）が存在する。たとえば，B硝酸菌（nitrate forming bacteria）は，NH_4^+ を NO_2^- に変える過程で生じるエネルギーを利用する。植物は，土壌中の NH_4^+ や，細菌によってつくりだされた NO_3^- をとり込んで窒素同化に利用する。このとき，NO_3^- は還元型補酵素（reduced coenzyme）の働きで NO_2^- を経て NH_4^+ に C還元（reduction）され，NH_4^+ はやがてアミノ酸（amino acid）中の Dアミノ基（amino group）に変わる。

	誤っている下線部	正しい語句
①	**A**	アゾトバクター
②	**B**	亜硝酸菌
③	**C**	酸化
④	**D**	カルボキシ基

アゾトバクター（azotobacter），亜硝酸菌（nitrite forming bacteria），
酸化（oxidation），カルボキシ基（carboxy group）

問4 DNA の複製（replication）過程において，2本鎖 DNA を開裂し，部分的に1本鎖に変える酵素（enzyme）**A** と，鋳型（template）となる DNA の1本鎖の塩基配列（base sequence）と相補的（complementary）な塩基（base）をもつヌクレオチド（nucleotide）を結合させて新しい鎖を合成する酵素 **B** の名称の正しい組み合わせを，次の①〜⑥の中から一つ選びなさい。 **4**

	酵素 A	酵素 B
①	DNA ヘリカーゼ	DNA リガーゼ
②	DNA ヘリカーゼ	DNA ポリメラーゼ
③	DNA リガーゼ	DNA ヘリカーゼ
④	DNA リガーゼ	DNA ポリメラーゼ
⑤	DNA ポリメラーゼ	DNA ヘリカーゼ
⑥	DNA ポリメラーゼ	DNA リガーゼ

DNA ヘリカーゼ（DNA helicase），DNA リガーゼ（(DNA ligase)，
DNA ポリメラーゼ（DNA polymerase）

問5　ある遺伝子（gene）の，次に示すセンス鎖（sense strand）の塩基配列（base sequence）をもとに，この部分の指定するアミノ酸配列（amino acid sequence）がイソロイシン–ロイシン–チロシン–アスパラギン酸で終結するポリペプチド（polypeptide）が合成された。この遺伝子に突然変異（mutation）が生じて，下線部の塩基が次図のように置換したとき，合成されるポリペプチド鎖にはどのような変化が起きると考えられるか。正しいものを，次ページの①〜④の中から一つ選びなさい。なお，必要であれば下のmRNAの遺伝暗号表（genetic code table）を参考にしなさい。　　5

センス鎖の塩基配列の一部：5′‥ATCTTGTATGACTGA‥3′

突然変異した塩基配列の一部：5′‥ATCTTGTAAGACTGA‥3′

		2番目の塩基				
		U	C	A	G	
1番目の塩基	U	UUU UUC フェニルアラニン UUA UUG ロイシン	UCU UCC UCA UCG セリン	UAU UAC チロシン UAA UAG （終止）	UGU UGC システイン UGA （終止） UGG トリプトファン	U C A G	3番目の塩基
	C	CUU CUC CUA CUG ロイシン	CCU CCC CCA CGC プロリン	CAU CAC ヒスチジン CAA CAG グルタミン	CGU CGC CGA CGG アルギニン	U C A G
	A	AUU AUC イソロイシン AUA AUG メチオニン（開始）	ACU ACC ACA ACG トレオニン	AAU AAC アスパラギン AAA AAG リシン	AGU AGC セリン AGA AGG アルギニン	U C A G
	G	GUU GUC バリン GUA GUG	GCU GCC GCA GCG アラニン	GAU GAC アスパラギン酸 GAA GAG グルタミン酸	GGU GGC GGA GGG グリシン	U C A G

フェニルアラニン（phenylalanine），ロイシン（leucine），イソロイシン（isoleucine），バリン（valine），セリン（serine），プロリン（proline），トレオニン（threonine），アラニン（alanine），ヒスチジン（histidine），グルタミン（glutamine），アスパラギン（asparagine），リシン（lysine），アスパラギン酸（aspartic acid），グルタミン酸（glutamic acid），システイン（cysteine），グリシン（glycine）

① チロシンは結合しなくなり，この部分の指定するアミノ酸配列がイソロイシン–ロイシン–アスパラギン酸で終結するポリペプチド鎖が得られる。

② アスパラギン酸がヒスチジンに置き換わり，この部分の指定するアミノ酸配列がイソロイシン–ロイシン–チロシン–ヒスチジンで終結するポリペプチド鎖が得られる。

③ チロシンおよびそれ以降のアミノ酸は結合しなくなり，この部分の指定するアミノ酸配列がイソロイシンとロイシンで終結するポリペプチド鎖が得られる。

④ 合成されるポリペプチド鎖のアミノ酸配列に変化は見られない。

問6 ある真核生物（eukaryote）の３つの遺伝子 **A，B**，および **C** は，同じ染色体（chromosome）上に位置している。これらの遺伝子は，互いに不完全連鎖（incomplete linkage）の関係にあり，遺伝子 **A** と遺伝子 **B** の間の組換え価（recombination value）は 15 ％，遺伝子 **B** と遺伝子 **C** の間の組換え価は３％であることがわかった。このとき，これら３つの遺伝子の染色体上における位置関係を示した染色体地図として**可能性のないもの**を，次の①～④の中から一つ選びなさい。 | 6 |

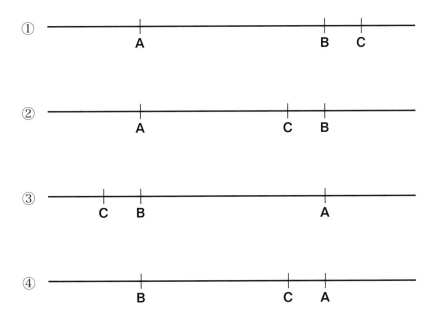

問7 ヒトの体液（body fluid）について述べた文として正しいものを，次の①〜④の中から一つ選びなさい。 7

① ヒトの体液は細胞内液（intracellular fluid）と細胞外液（extracellular fluid）に分けられ，細胞内液には組織液（tissue fluid）が含まれる。

② ヒトの血液中の有形成分のうち，その数が最も多いのは，血小板（thrombocytes）である。

③ リンパ液（lymphatic fluid）の組成は血液と似ており，リンパ液中にも赤血球（erythrocyte）が存在する。

④ 血液中の血しょう（blood plasma）が毛細血管（capillary）を出て組織（tissue）にしみ出したものが，組織液となる。

問8　次の図は，ある抗原（antigen）を免疫能が正常なマウス（mouse）に注射したときの，この抗原に対する抗体量の変化を示したものである。図中の矢印 **a** は初めて抗原を注射した時点を，図中の矢印 **b** は 40 日後に同じ抗原を再び注射した時点を示す。このときの抗体量の変化を示すグラフとして最も適当なものを，次の①〜④の中から一つ選びなさい。　**8**

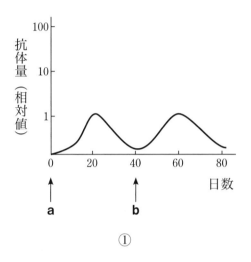

①

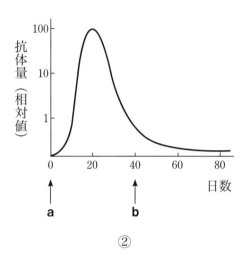

②

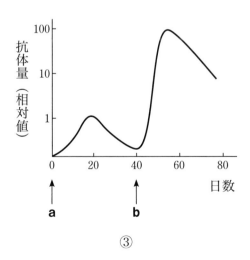

③

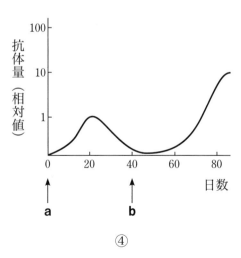

④

問 9　動物の行動について述べた次の文①～④の中から，**誤っているもの**を一つ選びなさい。　　　　　　　　　　　　　　　　　　　　　　　　　　　　9

①　動物が，さまざまな外界からの刺激をもとにからだを特定の方向に向けることを，定位という。

②　繁殖期（breeding season）のイトヨ（three-spined stickleback）（トゲウオの一種）の雄は，ほかの雄の腹部の赤い色を見ると，特定の攻撃行動を示す。このような特定の刺激を，条件刺激という。

③　遠く離れたえさ場から巣に戻ったミツバチ（honey bee）は，仲間のミツバチに 8 の字ダンスでえさ場の方向やえさ場までの距離を伝える。このような行動は，生得的な行動（innate behavior）の一種である。

④　イヌに，ベルの音とともにえさをやることをくり返すと，ベルの音を聞かせただけで唾液（saliva）を分泌（secretion）するようになる。このような学習を，古典的条件付けという。

問10 次の文は，植物の芽生え（seedling）の光に対する応答（response）について述べたものである。文中の空欄 **a** ～ **c** にあてはまる語句の正しい組み合わせを，下の①～⑧の中から一つ選びなさい。　**10**

　植物の芽生えが光の方向に屈曲する現象は正の光屈性（phototropism）と呼ばれ，主として芽生えの胚軸（hypocotyl）において光が照射される側（光側）とその反対側（陰側）で植物ホルモン（plant hormone）であるオーキシン（auxin）の濃度に差が生じることによって引き起こされる。天然のオーキシンは **a** と呼ばれる物質であり，芽生えに横から光が照射されると **b** のオーキシン濃度が高くなり，**c** 成長するため，芽生えは光の方向に屈曲する。

	a	b	c
①	ジャスモン酸	陰側よりも光側	光側が陰側より
②	ジャスモン酸	陰側よりも光側	陰側が光側より
③	ジャスモン酸	光側よりも陰側	光側が陰側より
④	ジャスモン酸	光側よりも陰側	陰側が光側より
⑤	インドール酢酸	陰側よりも光側	光側が陰側より
⑥	インドール酢酸	陰側よりも光側	陰側が光側より
⑦	インドール酢酸	光側よりも陰側	光側が陰側より
⑧	インドール酢酸	光側よりも陰側	陰側が光側より

ジャスモン酸（jasmonic acid），インドール酢酸（indoleacetic acid）

問11 次の文は，植物の種子の発芽（germination）について述べたものである。文中の空欄 a ～ c にあてはまる語句の正しい組み合わせを，下の①～⑧の中から一つ選びなさい。　**11**

オオムギ（barley）やイネ（rice）などの種子では，水や温度，酸素などの条件が発芽に適するようになると， a というホルモン（hormone）が胚（embryo）で合成される。 a は胚乳（endosperm）の外側の糊粉層（aleurone layer）の細胞に作用して，酵素である b の合成を誘導（induction）する。 b は胚乳に蓄えられたデンプン（starch）を糖（sugar）に分解し，生じた糖が胚に吸収されて利用されることで，胚が成長して発芽が促進される。一方，レタス（lettuce）やタバコ（tobacco）などの種子は，発芽に水分や温度，酸素など以外に光を必要とするが，このような種子は c 種子と呼ばれる。

	a	b	c
①	アブシシン酸	アミラーゼ	光発芽種子
②	アブシシン酸	アミラーゼ	休眠種子
③	アブシシン酸	トリプシン	光発芽種子
④	アブシシン酸	トリプシン	休眠種子
⑤	ジベレリン	アミラーゼ	光発芽種子
⑥	ジベレリン	アミラーゼ	休眠種子
⑦	ジベレリン	トリプシン	光発芽種子
⑧	ジベレリン	トリプシン	休眠種子

アブシシン酸（abscisin acid），アミラーゼ（amylase），光発芽種子（photoblastic seed），トリプシン（trypsin），ジベレリン（gibberellin）

問12 次の図は，ある草原における種間関係 (interspecific interaction) を示したものである。この草原では，ヨモギ (mugwort) に対する捕食者 (predator) としてヨモギハムシ (*Chrysolina aurichalcea*) とアブラムシ (*Aphidoidea*) が見られ，これらの2種は，ヨモギをえさとする種間競争の関係にある。一方，アブラムシを選択的に捕食する捕食者としてナナホシテントウ (seven-spot ladybird) が存在する。このように，異なる2種の間には，捕食や種間競争，共生 (symbiosis)，寄生 (parasitize) などさまざまな相互作用が見られるが，2種間の相互作用の程度がその2種以外の生物の影響によって変化することがあり，これを間接効果という。この草原における間接効果の例として正しいものを，下の①〜④の中から一つ選びなさい。　**12**

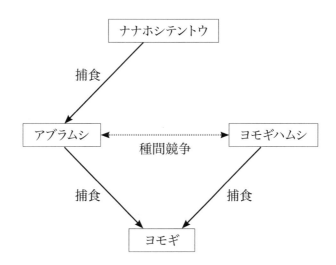

① ヨモギの個体数が減少すると，アブラムシの個体数が減少する。

② ヨモギハムシの個体数が増加すると，ヨモギの個体数が減少する。

③ ナナホシテントウの個体数が増加すると，ヨモギハムシの個体数が増加する。

④ アブラムシの個体数が増加すると，ナナホシテントウの個体数が増加する。

問13 次の文は，副腎（adrenal gland）による血糖濃度（blood glucose level）の調節について述べたものである。文中の空欄 a ～ d にあてはまる語句の正しい組み合わせを，下の①～⑥の中から一つ選びなさい。 **13**

副腎は，血糖濃度を一定に保つのに大きく関わっている臓器である。血糖濃度が低下すると，交感神経（sympathetic nerve）を介して副腎 a が刺激され， b というホルモンが分泌（secretion）されることで，肝臓（liver）でグリコーゲン（glycogen）が分解されてグルコース（glucose）が合成される。また，脳下垂体前葉（anterior pituitary）からの副腎 c 刺激ホルモンの働きで，副腎 c から d というホルモンが分泌される。 d は，タンパク質からのグルコースの合成を促進する働きをもつ。

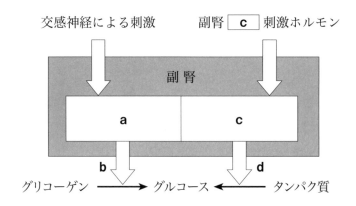

	a	b	c	d
①	皮質	グルカゴン	髄質	アドレナリン
②	皮質	アドレナリン	髄質	糖質コルチコイド
③	皮質	糖質コルチコイド	髄質	グルカゴン
④	髄質	グルカゴン	皮質	アドレナリン
⑤	髄質	アドレナリン	皮質	糖質コルチコイド
⑥	髄質	糖質コルチコイド	皮質	グルカゴン

グルカゴン（glucagon），アドレナリン（adrenaline），糖質コルチコイド（glucocorticoid）

問14 次の文は，眼の遠近調節のしくみについて述べたものである。近くのものを見るときおこなわれる調節について，文中の空欄 | a | 〜 | c | にあてはまる語句の正しい組み合わせを，下の①〜⑧の中から一つ選びなさい。 **14**

　　近くのものを見ようとするときには，毛様体筋 (ciliary muscle) が | a | することでチン小帯（zonule of Zinn）が | b | ため，水晶体（crystalline lens）が自身の弾性で | c | なる。この結果，近くのものが網膜（retina）上に結像する。

	a	b	c
①	収縮	ゆるむ	薄く
②	収縮	ゆるむ	厚く
③	収縮	引っ張られる	薄く
④	収縮	引っ張られる	厚く
⑤	弛緩	ゆるむ	薄く
⑥	弛緩	ゆるむ	厚く
⑦	弛緩	引っ張られる	薄く
⑧	弛緩	引っ張られる	厚く

収縮（contraction），弛緩（relaxation）

問15 ニューロン（neuron）（神経細胞）の構造と働きについて述べた文として正しいものを，次の①～④の中から一つ選びなさい。 15

① ニューロンは，核（core）のある細胞体（cell body），情報の入力を受ける軸索（axon），情報を出力する樹状突起（dendrite）からなっている。

② 有髄神経（medullated nerve）において，髄鞘（myelin sheath）は絶縁体（不導体）となるので，ランビエ絞輪（node of Ranvier）の部分のみに興奮（excitation）が生じる。

③ 有髄神経の興奮の伝導速度は，無髄神経（unmyelinated nerve）の伝導速度よりも遅い。

④ 二つのニューロンの連接部であるシナプス（synapse）では，どちらのニューロンからでも両方向に興奮の伝達が可能である。

問16 ある集団において，遺伝子型（genotype）がそれぞれ AA，Aa，aa の個体が存在し，遺伝子型が AA の個体が占める割合が60%，遺伝子型が Aa の個体が占める割合が30%，遺伝子型が aa の個体が占める割合が10%であるとする。これについて，下の問い (1), (2) に答えなさい。

(1) 生物集団中の個々の対立遺伝子（allele）の割合を，遺伝子頻度（allele frequency）という。遺伝子 A と遺伝子 a の遺伝子頻度は，それぞれいくらか。正しい組み合わせを，次の①～④の中から一つ選びなさい。 16

	遺伝子 A の頻度	遺伝子 a の頻度
①	0.3	0.7
②	0.6	0.4
③	0.75	0.25
④	0.9	0.1

(2) この集団でハーディ・ワインベルグの法則（Hardy-Weinberg's law）が成立する場合，この集団を何世代にもわたって観察すると，遺伝子 A と遺伝子 a の遺伝子頻度はどのようになると推測されるか。正しいものを，次の①〜④の中から一つ選びなさい。 **17**

① 遺伝子 A の頻度が大きくなり，遺伝子 a の頻度が小さくなる。
② 遺伝子 A と遺伝子 a の頻度が両方とも大きくなる。
③ 遺伝子 A と遺伝子 a の頻度が両方とも 0.5 に近づく。
④ 遺伝子 A と遺伝子 a の頻度は両方とも変わらない。

問17 次の文は，地質時代（geologic time）と生物界の変化について述べたものである。これらのうち，中生代（Mesozoic era）について述べた文として正しいものを，次の①〜④の中から一つ選びなさい。 **18**

① 大型のは虫類（reptiles）と裸子植物（gymnosperms）が繁栄し，鳥類（birds）が出現した。
② 三葉虫（trilobite）が繁栄し，魚類（fishes）・昆虫類（insects）・両生類（amphibians）などが出現した。
③ 原核生物（prokaryote）が出現し，シアノバクテリア（cyanobacteria）などが繁栄した。
④ 哺乳類（mammals）の適応放散が起こるとともに，霊長類（primate）が出現し，被子植物（angiosperms）が繁栄した。

模擬試験

第7回

問 1　細胞小器官（organelle）である葉緑体（chloroplast）の構造について述べた文として正しいものを，次の①〜④の中から一つ選びなさい。　**1**

①　葉緑体は，一重の膜で包まれた構造をもつ細胞小器官である。

②　葉緑体の内部には，クリステ（cristae）というひだ状の構造（highly folded structure）が存在する。

③　葉緑体のストロマ（stroma）には，光合成色素（photosynthetic pigment）が存在する。

④　葉緑体内部では，チラコイド（thylakoid）という円盤状の構造が重複して重なり，グラナ（grana）という集合体をつくる。

問 2　細胞内部に存在する細胞骨格（cytoskeleton）は，さまざまな生命活動に関わっている。細胞骨格の一種であるアクチンフィラメント（actin filament）が関与する働きについて述べた文として正しいものを，次の①〜④の中から一つ選びなさい。　**2**

①　細胞分裂において，中心体（centrosome）を起点に形成された紡錘体（spindle body）により，染色体（chromosome）が両極に分配される。

②　細胞が外部からの圧力を受けた際に，その圧力に対抗して細胞の形を保持する。

③　オオカナダモ（*Egeria densa*）の葉の細胞では，原形質流動（cytoplasmic streaming）によって葉緑体（chloroplast）が移動する。

④　精子（sperm）尾部の鞭毛（flagella）が活発に動くことで，精子に運動能力を与える。

問3 タンパク質は一次構造（primary structure）から四次構造までの高次構造をもち，それらはさまざまな結合によって形成されている。また，ポリペプチド鎖（polypeptide chain）の折りたたみ（フォールディング）には，ある種のタンパク質が関わることがある。タンパク質の三次構造（tertiary structure）の形成に関与する結合の名称と，ポリペプチド鎖の折りたたみに関わるタンパク質の名称の組み合わせとし正しいものを，次の①～⑥の中から一つ選びなさい。　　　**3**

	結合の名称	折りたたみに関わるタンパク質
①	ジスルフィド結合	クリスタリン
②	ジスルフィド結合	アクアポリン
③	ジスルフィド結合	シャペロン
④	ペプチド結合	クリスタリン
⑤	ペプチド結合	アクアポリン
⑥	ペプチド結合	シャペロン

ジスルフィド結合（disulfide bond），クリスタリン（crystalline），アクアポリン（aquaporin），シャペロン（chaperon），ペプチド結合（peptide bond）

問4 次の文は，シアノバクテリア（cyanobacteria）の炭酸同化（carbon dioxide assimilation）について述べたものである。文中の空欄 **a** ～ **c** にあてはまる語句の正しい組み合わせを，下の①～⑧の中から一つ選びなさい。 **4**

シアノバクテリアは葉緑体（chloroplast）をもつ植物細胞と同様の光合成（photosynthesis）をおこなうことができる。これは，シアノバクテリアが光合成色素（photosynthetic pigment）として **a** をもつからである。また，シアノバクテリアは，水素源として **b** を利用する。シアノバクテリアは細胞小器官（organelle）である **c** の起源となった生物であると考えられている。

	a	b	c
①	クロロフィルa	水	葉緑体
②	クロロフィルa	硫化水素	ミトコンドリア
③	クロロフィルa	水	ミトコンドリア
④	クロロフィルa	硫化水素	葉緑体
⑤	バクテリオクロロフィル	水	葉緑体
⑥	バクテリオクロロフィル	硫化水素	ミトコンドリア
⑦	バクテリオクロロフィル	水	ミトコンドリア
⑧	バクテリオクロロフィル	硫化水素	葉緑体

クロロフィル（chlorophyll），硫化水素（hydrogen sulfide），ミトコンドリア（mitochondria），バクテリオクロロフィル（bacteriochlorophyll）

問 5 呼吸（respiration）の場となるミトコンドリア（mitochondria）の構造と働きについて述べた次の文 **a** ～ **f** のうち，正しいものの組み合わせを，下の①～⑧の中から一つ選びなさい。 **5**

a ATP 合成酵素（ATP synthase）は外膜（outer membrane）に存在する。

b ATP 合成酵素は内膜（inner membrane）に存在する。

c H^+ は，電子伝達系（electron transport system）の働きにより膜間腔に蓄積し，高濃度になる。

d H^+ は，電子伝達系の働きによりマトリックス（matrix）に蓄積し，高濃度になる。

e クエン酸回路（citric acid cycle）が進行する場所は膜間腔である。

f クエン酸回路が進行する場所はマトリックスである。

① **a**，**c**，**e**   ② **a**，**c**，**f**   ③ **a**，**d**，**e**   ④ **a**，**d**，**f**

⑤ **b**，**c**，**e**   ⑥ **b**，**c**，**f**   ⑦ **b**，**d**，**e**   ⑧ **b**，**d**，**f**

問6 次の図は，大腸菌（*Escherichia coli*）におけるトリプトファン（tryptophan）合成に関与する遺伝子（gene）の転写調節（transcription regulation）のしくみを模式的に示したものである。トリプトファンが活性をもたない調節タンパク質であるアポリプレッサー（aporepressor）と結合すると，リプレッサー（repressor）として活性をもつようになり，これがDNAのある部位に結合する。図中に**A**で示したこの結合部位の名称と，トリプトファン合成酵素が合成される条件の組み合わせとして正しいものを，下の①〜④の中から一つ選びなさい。　　　**6**

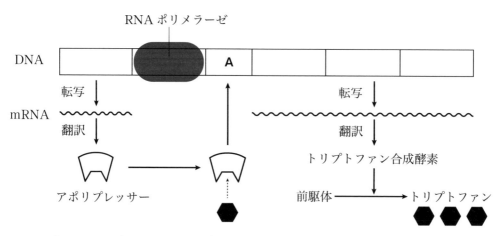

RNA ポリメラーゼ（RNA polymerase），翻訳（translation）

	結合部位	トリプトファン合成酵素が合成される条件
①	プロモーター	周囲の環境にトリプトファンが十分に存在している場合
②	プロモーター	周囲の環境にトリプトファンが欠乏している場合
③	オペレーター	周囲の環境にトリプトファンが十分に存在している場合
④	オペレーター	周囲の環境にトリプトファンが欠乏している場合

プロモーター（promotor），オペレーター（operator）

問7 減数分裂（meiosis）の過程について述べた文として正しいものを，次の①～⑤の中から一つ選びなさい。 7

① 第一分裂（meiosis I）の後期には，相同染色体（homologous chromosome）の対合（association）が見られる。

② DNA の複製（replication）は，第一分裂と第二分裂（meiosis II）の間で起こる。

③ 染色体 (chromosome) の乗換え（crossing over）は，第二分裂の中期 (metaphase) に起こる。

④ 体細胞分裂（somatic cell division）と同様に，複製された染色体が縦裂面で分離する過程が見られる。

⑤ 核あたりの DNA 量は，第一分裂では半減するが，第二分裂では半減しない。

問8 ある生物の A(a)，B(b) の2組の対立遺伝子（allele）について，検定交雑（test cross）を用いて表現型（phenotype）が [AB] の個体 **X** の遺伝子型（genotype）を知るために，遺伝子型が *aabb* の個体を交雑（cross）したところ，次世代には次のような表現型の個体とその分離比（segregation ratio）が得られた。これに関する下の問い (1), (2) に答えなさい。

$$[AB]：[Ab]：[aB]：[ab] = 7：1：1：7$$

(1) 個体 **X** の遺伝子型として最も適切なものを，次の①〜④の中から一つ選びなさい。

8

①　*AABB*　　　②　*AABb*　　　③　*AaBB*　　　④　*AaBb*

(2) 個体 **X** において，A(a) および B(b) の2組の対立遺伝子はどのような状態で染色体（chromosome）上に存在しているか。最も適切なものを，次の①〜⑤の中から一つ選びなさい。

9

①　A(a)，B(b) の2組の対立遺伝子は互いに異なる染色体上にある。

②　遺伝子 A と遺伝子 B，遺伝子 a と遺伝子 b が連鎖（linkage）しており，その組換え価（recombination value）は 12.5% である。

③　遺伝子 A と遺伝子 b，遺伝子 a と遺伝子 B が連鎖しており，その組換え価は 12.5% である。

④　遺伝子 A と遺伝子 B，遺伝子 a と遺伝子 b が連鎖しており，その組換え価は 25% である。

⑤　遺伝子 A と遺伝子 b，遺伝子 a と遺伝子 B が連鎖しており，その組換え価は 25% である。

問 9 いろいろな生物の生殖（reproduction）方法について述べた次の文 **a** 〜 **d** のうち，無性生殖（asexual reproduction）の例として正しいものの組み合わせを，下の①〜⑥の中から一つ選びなさい。 **10**

a ヒドラ（hydra）では，親の体から芽のような膨らみが出て，それが新個体になる。

b ジャガイモ（potato）では，茎や根など，植物体の一部から，新個体ができる。

c カエル（frog）では，卵と精子（sperm）が接合し，新個体になる。

d ゾウリムシ（paramecium）では，二つの個体が接合し，新しい遺伝子の組み合わせをつくる。

① **a**，**b**   ② **a**，**c**   ③ **a**，**d**   ④ **b**，**c**

⑤ **b**，**d**   ⑥ **c**，**d**

問10 次の文は，イモリ（newt）の眼の形成過程について述べたものである。文中の空欄 a ～ c にあてはまる語句の正しい組み合わせを，下の①～⑧の中から一つ選びなさい。 **11**

ある胚(はい)（embryo）の領域が，それと接するほかの領域に働きかけて分化（differentiation）の方向を決定する現象を a といい， a 作用をもつこのような領域のことを b という。イモリの眼の形成過程においては，眼杯（optic cup）が b として働き，表皮（epidermis）を c に a する。さらに， c は， b として働き，接する表皮を角膜（cornea）に a する。

	a	b	c
①	誘導	形成体	水晶体
②	誘導	形成体	網膜
③	誘導	変異体	水晶体
④	誘導	変異体	網膜
⑤	脱分化	形成体	水晶体
⑥	脱分化	形成体	網膜
⑦	脱分化	変異体	水晶体
⑧	脱分化	変異体	網膜

誘導（induction），形成体（organizer），水晶体（crystalline lens），網膜（retina）

問11 腎臓（kidney）においては，血しょう（plasma）中の物質のろ過（filtration）および再吸収（resorption）がおこなわれることで，尿（urine）がつくられる。次の表は，血しょうから尿がつくられる過程におけるそれぞれの物質の濃度をまとめたものである。この表について述べた文として正しいものを，下の①〜④の中から一つ選びなさい。 **12**

成分	血しょう	原尿	尿
タンパク質	7%〜9%	0%	0%
グルコース	0.10%	0.10%	0%
Na^+	0.30%	0.30%	0.35%
尿素	0.03%	0.03%	2.00%

原尿（primitive urine），グルコース（glucose），尿素（urea）

① タンパク質は糸球体（glomerulus）からボーマンのう（Bowman's capsule）へろ過されるが，細尿管（uriniferous tubule）ですべて再吸収される。

② グルコースは糸球体ではろ過されないため，尿中には含まれない。

③ Na^+ の尿中濃度は血しょう中濃度よりも高いことから，Na^+ は細尿管では再吸収されないと考えられる。

④ 尿素は，血しょう中とくらべて約67倍に濃縮されて排出される。

問12 ヒトの体液（body fluid）濃度の調節について述べた次の文①〜④の中から，<u>誤っているもの</u>を一つ選びなさい。 **13**

① 間脳（diencephalon）の視床下部（hypothalamus）は，血しょうの浸透圧（osmotic pressure）を感知し，体液濃度の調節中枢として働く。

② 発汗などによって脱水症状になると，バソプレシン（vasopressin）の分泌（secretion）が促進される。

③ 体液の浸透圧が低下すると，バソプレシンの分泌量が増加する。

④ 体液の浸透圧が上昇すると，腎臓（kidney）における水の再吸収が促進される。

問13 肝臓（liver）はさまざまな生理作用をもっている。成人のヒトの肝臓の働きについて述べた文として正しいものを，次の①〜④の中から一つ選びなさい。　**14**

① 小腸（small intestine）などで吸収されたグルコース（glucose）は，肝動脈（hepatic artery）を介して肝臓に運ばれる。

② 肝臓に運ばれたグルコースはグリコーゲン（glycogen）に変換され，血糖濃度（blood glucose level）が低下した際に再びグリコーゲンからグルコースに変換される。

③ 肝臓では，クエン酸回路（citric acid cycle）を用いて有毒なアンモニア（ammonia）を尿素（urea）に変換する。

④ 肝臓は，胆汁（bile）のほかにすい液（pancreatic juice）などの消化液をつくり，十二指腸（duodenum）に分泌する。

問14 次の文は，免疫（immune）に関わる白血球（leukocyte）の働きについて述べたものであるが，文中の下線部 **A 〜 D** のうち，1か所に誤りがある。誤っている下線部の記号と，正しい語句の組み合わせを，下の①〜④の中から一つ選びなさい。　**15**

　血管中の単球が組織（tissue）に移動すると，組織で異物を貪食（どんしょく）して大型化し，A マクロファージ（macrophage）に分化する。また，異物にふれやすい皮膚（ひふ）（skin）や肺（lung），消化管（digestive tract）などには樹状細胞（dendritic cell）があり，異物を取り込んで分解する。これらの細胞が異物を取り込むことを食作用（phagocytosis）といい，B 適応免疫（獲得免疫）（adaptive immunity）の一種である。また，マクロファージや樹状細胞は C ヘルパー T 細胞（helper T cell）に抗原提示（antigen presentation）をおこない，これによって活性化された C ヘルパー T 細胞は B 細胞を活性化することで D 形質細胞（plasma cell）に分化させる。この結果，異物が抗原（antigen）として認識されて，抗体（antibody）が産生される。

	誤っている下線部	正しい語句
①	**A**	好中球（neutrophil）
②	**B**	自然免疫（natural immunity）
③	**C**	キラー T 細胞（killer T cell）
④	**D**	肥満細胞（mast cell）

問15 次の文は，生態系（ecosystem）における栄養段階（trophic level）と，それらのエネルギー効率について述べたものである。文中の空欄 **a** ～ **c** にあてはまる語句の正しい組み合わせを，下の①～⑥の中から一つ選びなさい。**16**

生態系における各栄養段階のエネルギー効率は，その栄養段階の **a** が，1段階下位の栄養段階の **b** のうちのどれくらいの割合（%）を占めるかを示す値である。一般に，エネルギー効率は，栄養段階が上がるにつれて **c** 傾向が見られる。

	a	b	c
①	同化量	成長量	低くなる
②	同化量	同化量	高くなる
③	成長量	現存量	低くなる
④	成長量	成長量	高くなる
⑤	現存量	同化量	低くなる
⑥	現存量	現存量	高くなる

同化量（secondary production），成長量（growth），現存量（standing stock）

問16 生物濃縮（bioaccumulation）について述べた文として正しいものを，次の①～④の中から一つ選びなさい。**17**

① 生物が特定の物質を体外に排出し，体内よりも周囲の環境中に含まれるその物質の濃度の方が高くなる現象のことである。

② 高次の消費者（high-level consumer）よりも，低次の消費者（low-level consumer）の方が，高濃度で体内に物質が蓄積する。

③ DDT（dichlorodiphenyltrichloroethane）は，生物濃縮される代表的な物質である。

④ 生物の体内で分解されやすい物質や，排出されやすい物質は，生物濃縮の原因物質となることが多い。

問17 極相に達した照葉樹林（laurel forests）の垂直構造（vertical structure）について述べた次の文①〜④の中から，**誤っているもの**を一つ選びなさい。 18

① 森林の地面に近い林床の部分には，おもに陰生植物（shade plant）が生育する。

② 森林上層の樹木の葉の光補償点（light compensation point）は，下層の樹木の葉の光補償点よりも高い傾向がある。

③ 高木層（tree layer）の樹木の葉が多くの光を吸収するため，低木層（shrub layer）や草本層（herbaceous layer）では相対照度が低くなる。

④ 森林の階層構造は，上層から下層の順に，亜高木層（sub-tree layer），高木層，草本層，低木層と呼ばれる。

模擬試験

第8回

問1 次の文は，細胞小器官 (organelle) の特徴について述べたものである。これらの細胞小器官のうち，シアノバクテリア（cyanobacteria）が有するものはどれか。次の①～④の中から，正しいものを一つ選びなさい。　　　　　　　　　　　　　**1**

①　内膜（inner membrane）と外膜（outer membrane）の二重膜構造をもつ細胞小器官で，内膜が内側に突出してひだ状になっており，呼吸（respiration）に関与する。

②　光合成色素（photosynthetic pigment）をもつ細胞小器官で，光エネルギーを用いて炭酸同化（carbon dioxide assimilation）をおこなう。

③　細胞質（cytoplasm）に散在する小型の細胞小器官で，タンパク質の合成に関与する。

④　一対の構造体が直交した構造をもつ細胞小器官で，細胞分裂時に染色体（chromosome）を分配する起点となる。

問2 次の図は，二つのアミノ酸（amino acid）の構造を示したものであり，[**A**] および [**B**]は各々の側鎖（side chain）を示す。これら二つのアミノ酸がペプチド結合（peptide bond）を形成することで生成したジペプチド（アミノ酸二つが結合したもの）の構造式として正しいものを，下の①〜④の中から一つ選びなさい。 | **2** |

[**A**]
H－N－C－C－O－H
   | | ‖
   H H O

[**B**]
H－N－C－C－O－H
   | | ‖
   H H O

        [**A**]   [**B**]
① H－N－C－C－O－N－C－C－O－H
        | | ‖ | | ‖
        H H O   H H O

        [**A**]   [**B**]
② H－N－C－C－N－C－C－O－H
        | | ‖ | | ‖
        H H O H H O

        [**A**][**B**]
③ H－N－C－C－C－O－H
        | | | ‖
        H H H O

        [**A**]O－H [**B**]
④ H－N－C－C＝N－C－C－O－H
        | | | | ‖
        H H   H O

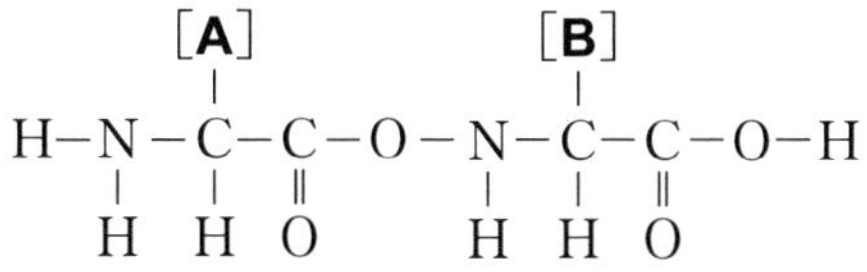

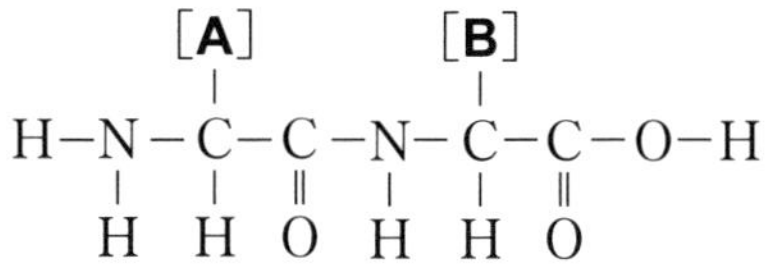

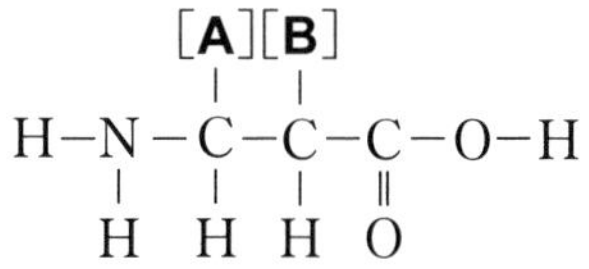

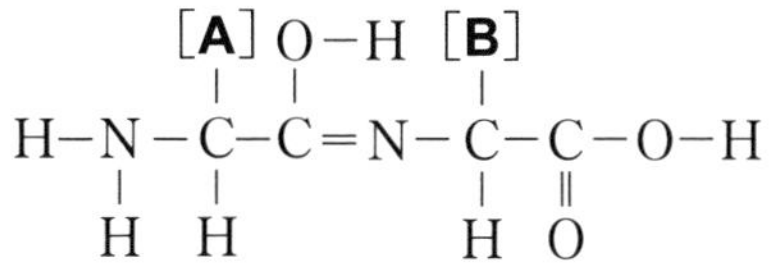

問3 次の文は，酵素作用（enzymatic effect）の阻害（inhibition）について述べたものである。文中の空欄 **a** ，**b** にあてはまる語句の正しい組み合わせを，下の①〜④の中から一つ選びなさい。　**3**

酵素反応において，基質（substrate）とよく似た構造をもつ阻害物質が基質と同時に存在すると，阻害物質と基質が酵素（enzyme）の活性部位（active site）を奪いあうことになる。このような酵素作用の阻害を **a** という。

一方，阻害物質が活性部位以外の部位と結合することで酵素の立体構造（conformation）が変化し，基質との結合が抑えられることもある。このような酵素作用の阻害を **b** という。

	a	b
①	競争的阻害	非競争的阻害
②	競争的阻害	フィードバック阻害
③	非競争的阻害	競争的阻害
④	非競争的阻害	フィードバック阻害

競争的阻害（competitive inhibition），非競争的阻害（noncompetitive inhibition），
フィードバック阻害（feedback inhibition）

問4 発酵などによる異化（catabolism）作用について述べた文として正しいものを，次の①〜④の中から一つ選びなさい。　**4**

① 同じ量のグルコース（glucose）を呼吸基質とするとき，アルコール発酵（alcoholic fermentation）や乳酸発酵（lactic fermentation）は呼吸（respiration）と同程度のATPを産生できる。

② 乳酸発酵では，乳酸（lactic acid）のほかに二酸化炭素（CO_2）を生成する。

③ 酵母（yeast）は，アルコール発酵をおこなう代表的な生物である。

④ ヒトの骨格筋（skeletal muscle）細胞は，激しい運動などで酸素が不足するときには，アルコール発酵と同様の反応をおこなう。

問5 葉緑体（chloroplast）による光合成（photosynthesis）は，複数の段階を経ておこなわれる。次の文 **a**，**b** は，その段階の一部について述べたものである。**a**，**b** に該当する段階の名称とそれが進行する部位の組み合わせとして正しいものを，下の①～⑧の中から一つ選びなさい。　　　　　　　　　　　　　　　　　5

a 光エネルギーにより水（H_2O）が分解され，酸素（O_2）が生じる。

b NADPH と ATP を用いて二酸化炭素（CO_2）を還元し，グルコース（glucose）などの有機物（organic matter）をつくる。

	a		b	
	名称	進行する部位	名称	進行する部位
①	光化学系 I	チラコイド	クエン酸回路	ストロマ
②	光化学系 II	チラコイド	カルビン回路	ストロマ
③	光化学系 I	チラコイド	カルビン回路	ストロマ
④	光化学系 II	チラコイド	クエン酸回路	ストロマ
⑤	光化学系 I	ストロマ	クエン酸回路	チラコイド
⑥	光化学系 II	ストロマ	カルビン回路	チラコイド
⑦	光化学系 I	ストロマ	カルビン回路	チラコイド
⑧	光化学系 II	ストロマ	クエン酸回路	チラコイド

光化学系 I（photosystem I），チラコイド（thylakoid），クエン酸回路（citric acid cycle），ストロマ（stroma），光化学系 II（photosystem II），カルビン回路（Calvin cycle）

問6 真核生物（eukaryote）と原核生物（prokaryote）の遺伝子発現に関する次の問い (1), (2) に答えなさい。

(1) 真核生物と原核生物の転写（transcription）および翻訳（translation）の過程について述べた次の文①〜④の中から，**誤っているもの**を一つ選びなさい。 $\boxed{6}$

① 真核生物では，転写された mRNA のスプライシング（splicing）が核内でおこなわれる。

② 真核生物では選択的スプライシングがおこなわれるが，原核生物では選択的スプライシングはおこなわれない。

③ 真核生物では，転写と翻訳が同時に進行する。

④ 原核生物では，真核生物と同様に，リボソーム（ribosome）で翻訳がおこなわれる。

(2)　次の図は，大腸菌（*Escherichia coli*）において転写および翻訳が進行する様子を，模式的に示したものである。図中において，RNA ポリメラーゼ（RNA polymerase）とリボソームが進んでいる方向の正しい組み合わせを，下の①～⑧の中から一つ選びなさい。　　7

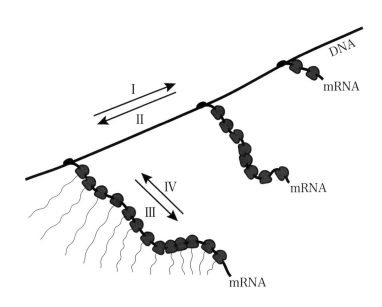

	RNA ポリメラーゼ	リボソーム
①	I	III
②	I	IV
③	II	III
④	II	IV
⑤	III	I
⑥	III	II
⑦	IV	I
⑧	IV	II

問7 ヒトの赤緑色覚異常は，X染色体（X chromosome）上にある劣性遺伝子（recessive gene）によって発現することが知られている。次の図は，ある家系における赤緑色覚異常の出現を示したものである。この家系図から考えられることとして最も適切なものを，下の①〜⑤の中から一つ選びなさい。ただし，図中の**A〜I**は個人を識別するための記号を表している。また，**G**は**A**と**B**の家系には属しておらず，**G**は赤緑色覚異常遺伝子をもっていないことがわかっている。

8

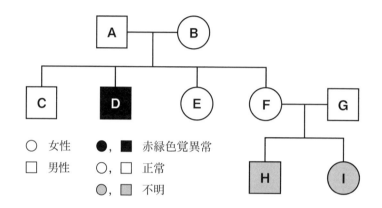

① **D**がもつ赤緑色覚異常遺伝子は，父親から受け継いだものである。

② **C**は，赤緑色覚異常遺伝子をもっている可能性がある。

③ **E**や**F**は，赤緑色覚異常遺伝子をもっている可能性はない。

④ **F**と**G**の子である**H**は，赤緑色覚異常を示す可能性がある。

⑤ **F**と**G**の子である**I**は，赤緑色覚異常を示す可能性がある。

問8　次の **a〜h** は，被子植物（angiosperms）の配偶子形成（gametogenesis）の過程において現れる細胞の名称である。**a〜h** のうち，減数分裂（meiosis）をおこなう細胞の組み合わせとして正しいものを，下の①〜⑧の中から一つ選びなさい。　　**9**

a　花粉母細胞（pollen mother cell）

b　雄原細胞（generative cell）

c　精細胞（sperm cell）

d　花粉四分子（pollen tetrad）

e　胚のう細胞（embryo sac cell）

f　卵細胞（egg cell）

g　助細胞（synergid）

h　胚のう母細胞（embryo sac mother cell）

①　**a , e**　　　②　**a , h**　　　③　**b , f**　　　④　**b , g**

⑤　**c , e**　　　⑥　**c , h**　　　⑦　**d , f**　　　⑧　**d , g**

問 9 色の異なる2種のイモリ（newt）の胚について，それぞれ初期原腸胚（early gastrula）と初期神経胚（early neurula）の段階で，次の図のような交換移植（transplantation）実験をおこなった。それぞれの実験から予想される結果について述べた文として正しいものを，下の①〜④の中から一つ選びなさい。ただし，初期原腸胚において予定表皮域（presumptive epidermis）から予定神経域（presumptive neural region）に移植した移植片を**A**，予定神経域から予定表皮域に移植した移植片を**B**，初期神経胚において予定表皮域から予定神経域に移植した移植片を**C**，予定神経域から予定表皮域に移植した移植片を**D**とする。

10

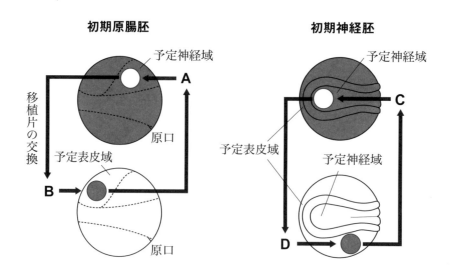

① 初期原腸胚と初期神経胚のどちらにおいても，**A**と**C**は表皮（epidermis）に分化（differentiation）し，**B**と**D**は神経（nerve）に分化する。

② 初期原腸胚の段階で交換した移植片では**A**は表皮に分化し，**B**は神経に分化するが，初期神経胚の段階で交換した移植片では**C**は神経に分化し，**D**は表皮に分化する。

③ 初期原腸胚の段階で交換した移植片では**A**は神経に分化し，**B**は表皮に分化するが，初期神経胚の段階で交換した移植片では**C**は表皮に分化し，**D**は神経に分化する。

④ 初期原腸胚と初期神経胚のどちらにおいても，**A**と**C**は神経に分化し，**B**と**D**は表皮に分化する。

問10 ヒトの腎臓（kidney）は，老廃物の排出のほかに，体液（body fluid）濃度や血圧の調節など，さまざまな重要な役割を担っている。次の文は，発汗により水が失われたときに体内で起こる一連の調節について述べたものである。文中の下線部①〜⑤の中から，その内容が**誤っているもの**を一つ選びなさい。 **11**

発汗によって水が失われると，①間脳（diencephalon）視床下部（hypothalamus）が体液濃度の上昇を感知し，腎臓に水の再吸収を②促進する指令を出す。この指令は，具体的には，脳下垂体③後葉（posterior lobe）が分泌する④鉱質コルチコイド（mineralocorticoid）によって伝えられる。腎臓の⑤集合管（collecting tubule）はこのホルモン（hormone）を感知し，水の再吸収量を増加させる。

問11　ヒトのヘモグロビン（hemoglobin）は，酸素分圧が高いときには酸素と結合し，酸素分圧が低いときには酸素を放出する性質をもつ。また，ヘモグロビンの酸素との結合度は，二酸化炭素分圧の影響を受ける。次のグラフは，ヒトのヘモグロビンの酸素解離曲線（oxygen dissociation curve）を示したものである。肺胞（alveolus）での酸素分圧が100mmHg，二酸化炭素分圧が40mmHgであり，ある組織（tissue）の酸素分圧が40mmHg，二酸化炭素分圧が60mmHgであるとき，肺（lung）から運ばれてきた酸素のうちの何%が組織で放出されたか。最も適切なものを，下の①〜⑥の中から一つ選びなさい。　**12**

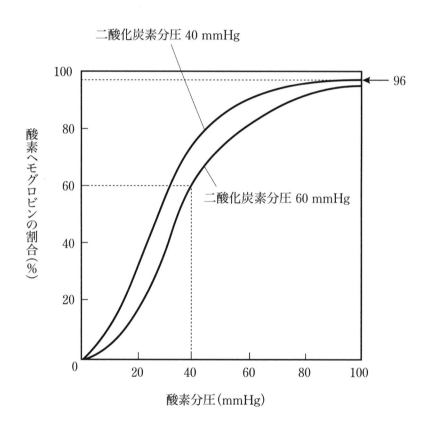

①　20.0%　　②　36.0%　　③　37.5%　　④　60.0%

⑤　66.0%　　⑥　96.0%

問12　次の図は，**A**〜**C**の３種類のカニ（crab）において，外液の塩類濃度（salt concentration）を変化させたときに体液（body fluid）の塩類濃度がどのように変化するかを調べた結果を示したものである。図では，それぞれのカニが生存できた範囲を実線で，体液の塩類濃度と外液の塩類濃度が等しい場合を点線で示している。**A**〜**C**のカニのうち，外洋や深海に生息するカニ，および塩類濃度の調節能力が最も高いカニはどれか。組み合わせとして正しいものを，下の①〜⑥の中から一つ選びなさい。

13

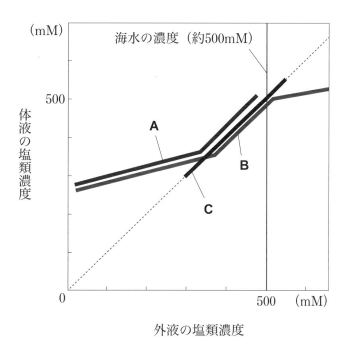

	外洋や深海に生息するカニ	塩類濃度の調節能力が最も高いカニ
①	**A**	**B**
②	**A**	**C**
③	**B**	**A**
④	**B**	**C**
⑤	**C**	**A**
⑥	**C**	**B**

問13　ヒトの眼の網膜（retina）には，かん体細胞（rod cell）と錐体細胞（cone cell）の

2種類の視細胞（visual cell）が存在している。これらの視細胞の網膜上における分

布について述べた文として正しいものを，次の①～④の中から一つ選びなさい。 **14**

① かん体細胞と錐体細胞は，どちらも網膜の中心部の黄斑（macula lutea）に集中

して分布している。

② かん体細胞は網膜の中心部の黄斑に集中して分布しており，錐体細胞は黄斑の周

辺部に多く分布している。

③ 錐体細胞は網膜の中心部の黄斑に集中して分布しており，かん体細胞は黄斑の周

辺部に多く分布している。

④ かん体細胞と錐体細胞は，どちらも黄斑の周辺部に多く分布している。

問14　次の文は，孔辺細胞（guard cell）の変化による気孔（stomata）開閉の例について

述べたものである。文中の空欄 **a** ～ **c** にあてはまる語句の正しい組み合わせ

を，下の①～⑧の中から一つ選びなさい。 **15**

植物が乾燥にさらされると，葉の **a** の濃度が上昇して K^+ が孔辺細胞から排出

され，孔辺細胞の浸透圧（osmotic pressure）が **b** して水が **c** するので，孔

辺細胞の膨圧（turgor pressure）が **b** して気孔が閉じる。

	a	b	c
①	アブシシン酸	低下	流入
②	アブシシン酸	低下	流出
③	アブシシン酸	上昇	流入
④	アブシシン酸	上昇	流出
⑤	オーキシン	低下	流入
⑥	オーキシン	低下	流出
⑦	オーキシン	上昇	流入
⑧	オーキシン	上昇	流出

アブシシン酸（abscisic acid），オーキシン（auxin）

問15 筋収縮（muscle contraction）のしくみについて述べた文として正しいものを，次の①〜④の中から一つ選びなさい。 **16**

① 運動神経（motor nerve）が神経筋接合部に神経伝達物質（neuron transmitter）であるアドレナリン（adrenalin）を分泌することで筋繊維に興奮（excitation）が伝達され，筋収縮（muscle contraction）が引き起こされる。

② 筋収縮の過程において，アクチン（actin）はATP分解酵素として作用する。

③ サルコメア（sarcomere）において，ミオシンフィラメント（myosin filament）が存在する部分のことを明帯（light band）という。

④ 筋収縮が起こると，サルコメアや明帯の長さは短くなるが，暗帯（dark band）の長さは変わらない。

問16 次の図は，世界のバイオーム（biome）と年降水量および年平均気温（annual mean temperature）との関係を示したものである。これらのうち，冬が長い寒冷地域で，森林がおもに針状の葉をもつ常緑の高木で構成されるバイオームは，図中の **A〜H** のうちのどれか。最も適当なものを，下の①〜⑧の中から一つ選びなさい。 **17**

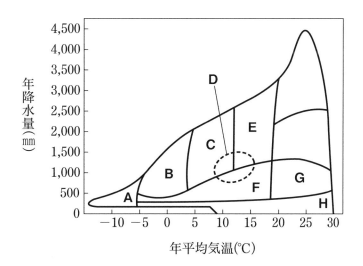

① **A**   ② **B**   ③ **C**   ④ **D**

⑤ **E**   ⑥ **F**   ⑦ **G**   ⑧ **H**

問17 次の **a** ～ **d** は，生物界の変遷に関する出来事である。これらが起こった順番に **a** ～ **d** を並べると，どのようになるか。最も適当なものを，下の①～⑥の中から一つ選びなさい。　**18**

a　アンモナイト（ammonite）の繁栄

b　霊長類（primate）の出現

c　三葉虫（trilobite）の出現

d　シアノバクテリア（cyanobacteria）の繁栄

①　**a → b → c → d**

②　**a → d → c → b**

③　**b → d → a → c**

④　**c → a → d → b**

⑤　**d → c → a → b**

⑥　**d → b → a → c**

模擬試験

第9回

問1　細胞膜（cell membrane）および細胞壁（cell wall）と物質の移動について述べた次の文①〜⑤の中から，**誤っているもの**を一つ選びなさい。　　　　　　　　　　$\boxed{1}$

①　細胞膜は，水やイオンなどのような特定の物質を，チャネル（channel）などを通じて選択的に透過させる。

②　酸素（O_2）や二酸化炭素（CO_2）は，拡散（diffusion）により細胞膜を通過することができる。

③　細胞壁は，溶質および溶媒を透過させる全透性（non-selective permeability）をもつ。

④　植物細胞を低張液（hypotonic solution）に浸すと，細胞内の濃度と細胞外の濃度が等しくなるまで膨張（swelling）する。

⑤　植物細胞を高張液（hypertonic solution）に浸すと，細胞内から細胞外に水が移動し，原形質分離（plasmolysis）が起こる。

問2 光の強さと光合成（photosynthesis）との関係について述べた文として正しいものを，次の①〜④の中から一つ選びなさい。 $\boxed{2}$

① 植物に照射する光を強くすれば強くするほど，光合成速度（photosynthetic rate）は増加する。

② 光補償点（light compensation point）とは，それ以上光の強さを強くしても光合成速度が増加しなくなる光の強さのことである。

③ 陽生植物（sun plant）は陰生植物（shade plant）よりもさかんに光合成をおこなうので，光補償点は陰生植物よりも低くなる。

④ 陰生植物は，光補償点および光飽和点（light saturation point）が陽生植物よりも低い。

問3 DNA の複製（replication）様式を知るために，窒素（N）源としてやや重い ^{15}N のみを含む培地（medium）で大腸菌（*Escherichia coli*）を長期間培養（culture）し，その後，通常の重さの ^{14}N のみを含む培地に移して，1回目の分裂直後と2回目の分裂直後の大腸菌から DNA を抽出し，2本鎖 DNA の密度の分布を調べた。これについて，下の問い (1), (2) に答えなさい。

(1) 1回目の分裂直後と2回目の分裂直後の2本鎖 DNA の分布はどのようになるか。次の左側の図を参考にして正しい結果の組み合わせを，下の①〜⑥の中から一つ選びなさい。 **3**

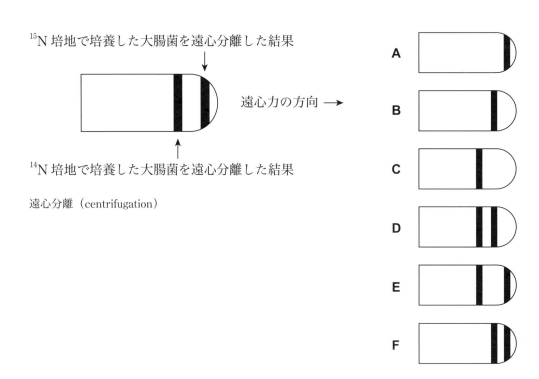

^{15}N 培地で培養した大腸菌を遠心分離した結果

遠心力の方向 →

^{14}N 培地で培養した大腸菌を遠心分離した結果

遠心分離（centrifugation）

	1回目の分裂直後	2回目の分裂直後
①	A	E
②	B	D
③	C	F
④	A	D
⑤	B	E
⑥	C	F

(2) この実験結果の説明として**適切でないもの**を，次の①〜④の中から一つ選びなさい。

4

① 2本鎖DNAが，らせん構造（helical structure）を解き，それぞれの1本鎖を鋳型（template）として新しい鎖を合成する。

② 新しい鎖を合成した後，鋳型となった2本の1本鎖DNAは再び結合して2本鎖DNAとなる。

③ ^{15}Nのみからなる2本鎖DNAは^{14}Nのみからなる2本鎖DNAよりも密度が大きいので，より試験管の底に近い側に分布する。

④ 1回目の分裂直後の大腸菌には，^{14}Nと^{15}Nの両方を含む2本鎖DNAが含まれる。

問4 花の形態形成はホメオティック遺伝子（homeotic gene）により調節されている。下の図において，**A・B・C**遺伝子が正常に発現する場合，外側から中心の順に，領域**ア**ではがく片（sepal）が，領域**イ**では花弁（petal）が，領域**ウ**ではおしべ（stamen）が，領域**エ**ではめしべ（pistil）が形成される。また，**A**遺伝子と**C**遺伝子は同時に発現しないように制御されており，突然変異（mutation）により**C**遺伝子が発現しなくなると，**A**遺伝子は**ア**〜**エ**の全領域で発現するようになる。**C**遺伝子が機能を失った突然変異体で予想される結果の組み合わせとして最も適当なものを，下の①〜⑥の中から一つ選びなさい。 5

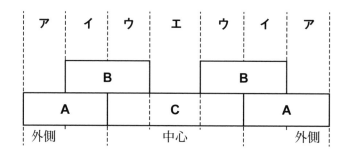

a がく片が形成されなくなる。

b 花弁が形成されなくなる。

c おしべが形成されなくなる。

d めしべが形成されなくなる。

e 中心部分にがく片が形成される。

f 中心部分にはいずれの構造も形成されなくなる。

① a，b，c   ② a，c，d   ③ b，c，d

④ b，d，e   ⑤ c，d，e   ⑥ c，d，f

問5 次の図は，PCR（ポリメラーゼ連鎖反応，polymerase chain reaction）法により DNA を増幅するしくみを模式的に示したものである。図中 **A** のヌクレオチド鎖（nucleotide chain），および **B** の酵素（enzyme）の名称として正しいものの組み合わせを，下の①～⑥の中から一つ選びなさい。　**6**

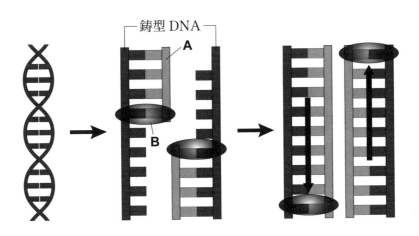

鋳型（template）

	A	B
①	RNA プライマー	RNA ポリメラーゼ
②	RNA プライマー	DNA ポリメラーゼ
③	RNA プライマー	DNA リガーゼ
④	DNA プライマー	RNA ポリメラーゼ
⑤	DNA プライマー	DNA ポリメラーゼ
⑥	DNA プライマー	DNA リガーゼ

プライマー（primer），RNA ポリメラーゼ（RNA polymerase），DNA ポリメラーゼ（DNA polymerase），DNA リガーゼ（DNA ligase）

問6　被子植物 (angiosperms) において，遺伝子型 (genotype) Aa の植物体の花粉 (pollen) が遺伝子型 aa の植物体のめしべ（pistil）に受粉（pollination）し，重複受精（double fertilization）が起こった。このとき，胚 (embryo) となる細胞と胚乳 (endosperm) となる細胞の遺伝子型にはどのようなものがあり得るか。最も適切な組み合わせを，次の①～⑧の中から一つ選びなさい。　　　　　　　　　　　　　**7**

	胚となる細胞	胚乳となる細胞
①	Aa	AAa
②	Aa	Aaa
③	AA	Aaa
④	Aa	aaa
⑤	AAa	Aa
⑥	Aaa	Aa
⑦	Aaa	AA
⑧	aaa	Aa

134

問7 次の図は，イモリ（newt）の胞胚（blastula）における原基分布図（anlagen plan）である。図中の部位 **A, B, C** の予定運命（presumptive fate）と，そこから分化（differentiation）する器官の例を示した正しい組み合わせを，下の①〜⑥の中から一つ選びなさい。 **8**

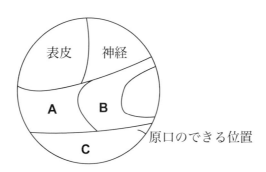

表皮（epidermis），神経（nerve）

	予定運命	分化する器官の例
①	**A**：側板	血管
②	**A**：体節	骨格筋
③	**B**：体節	腎臓
④	**B**：脊索	脊椎骨
⑤	**C**：脊索	消化管
⑥	**C**：内胚葉	心臓

側板（lateral plate），体節（segment），骨格筋（skeletal muscle），腎臓（kidney），脊索（chorda），消化管（digestive tract），内胚葉（endoderm）

問8 硬骨魚類（bony fish）の体液（body fluid）濃度の調節について述べた文として正しいものを，次の①～④の中から一つ選びなさい。 ⑨

① 海水生の硬骨魚類の体液の塩類濃度は，海水の塩類濃度よりも高い。

② 海水生の硬骨魚類は，体液とほぼ同じ濃度の尿（urine）を少量排泄している。

③ 淡水生の硬骨魚類の体液の塩類濃度は，淡水とほぼ等しい。

④ 淡水生の硬骨魚類は，体液とほぼ同じ濃度の尿を少量排泄している。

問9 ホルモン（hormone）を構成する成分，および血糖濃度（blood glucose level）の調節過程について述べた次の文①～④の中から，**誤っているもの**を一つ選びなさい。 ⑩

① ホルモンには，ポリペプチド（polypeptide）からなるものや，ステロイド（steroid）からなるものなどがある。

② インスリン（insulin）は，ステロイドからなる代表的なホルモンである。

③ 血糖濃度が低下すると，アドレナリン（adrenalin），グルカゴン（glucagon），および糖質コルチコイド（glucocorticoid）などのホルモンの分泌が促進される。

④ 食事などにより血糖濃度が上昇すると，間脳（diencephalon）の視床下部（hypothalamus）がこれを感知し，副交感神経（parasympathetic nerve）を介してすい臓（pancreas）のランゲルハンス島（islet of Langerhans）のB細胞を刺激する。

問10 免疫（immunity）に関わる白血球（leukocyte）について述べた次の文 **a**〜**f** のうち、適応免疫に関与する B 細胞について述べたものをすべて選び、その正しい組み合わせを、下の①〜⑧の中から一つ選びなさい。　**11**

a 抗体（antibody）を産生する細胞に分化（differentiation）する。

b 食作用（phagocytosis）をおこなう。

c 骨髄（bone marrow）で成熟する。

d 胸腺（thymus）で成熟する。

e 顆粒球（granulocyte）の一種である。

f リンパ球（lymphocyte）の一種である。

① **a，b，c**　　② **a，b，d**　　③ **a，c，e**　　④ **a，d，e**

⑤ **a，c，f**　　⑥ **b，c，e**　　⑦ **b，d，f**　　⑧ **b，d，e**

問11 ヒトが明るいところから暗いところに入ると，時間がたつにつれて暗いところでも眼が慣れて見えるようになる。次の図は，暗いところに入ってからの経過時間と感じることのできる最小の明るさの関係を示したものである。0～5分の間におもに働く細胞と，5分以降におもに働く細胞の名称はそれぞれ何か。また，この一連の現象の名称を何というか。正しい組み合わせを，下の①～④の中から一つ選びなさい。 12

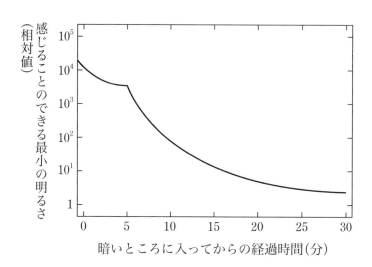

暗いところに入ってからの経過時間(分)

	0～5分の間におもに働く細胞	5分以降におもに働く細胞	一連の現象の名称
①	錐体細胞 すいたい	かん体細胞	暗反応
②	かん体細胞	錐体細胞	暗順応
③	錐体細胞	かん体細胞	暗順応
④	かん体細胞	錐体細胞	暗反応

錐体細胞（cone cell），かん体細胞（rod cell）

問12 カエル（frog）から運動神経（motor nerve）が接続している筋肉を摘出して，次のような装置に固定して実験をおこなった。

運動神経の **A** と **B** の2か所にそれぞれ刺激を与えて，筋肉が収縮（contraction）しはじめるまでの時間を測定した。図中の筋肉から80mm 離れた位置**A**で刺激したときには，6.0 ミリ秒後に筋肉の収縮がみられた。また，筋肉から40mm 離れた位置**B**で刺激したときには，4.0 ミリ秒後に筋肉の収縮がみられた。なお，1ミリ秒は1/1000 秒である。これに関する下の問い (1), (2) に答えなさい。

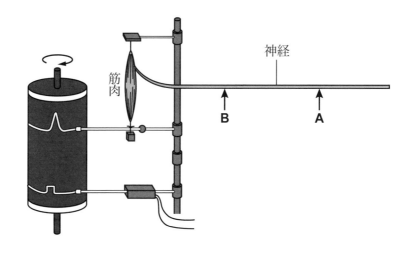

(1) この運動神経の軸索(axon)を興奮(excitation)が伝わるときの伝導速度(conduction velocity) として最も適切なものを，次の①〜④の中から一つ選びなさい。　**13**

① 5m/ 秒　　② 15m/ 秒　　③ 20m/ 秒　　④ 25m/ 秒

(2) この運動神経の末端に興奮が届いてから筋肉が収縮しはじめるまでの時間として最も適切なものを，次の①〜④の中から一つ選びなさい。　**14**

① 1ミリ秒　　② 2ミリ秒　　③ 3ミリ秒　　④ 4ミリ秒

問13 レタス（lettuce）などの光発芽種子（photoblastic seed）は，太陽光などの光を照射することで発芽（germination）が誘導（induction）される。次の文は，このしくみについて述べたものである。文中の空欄　a　～　c　にあてはまる語句の正しい組み合わせを，下の①〜④の中から一つ選びなさい。　**15**

　　光発芽種子の発芽には，光受容体であるフィトクロム（phytochrome）が関わっている。フィトクロムは，Pr 型と Pfr 型の 2 種類の型をもち，その分子構造が可逆的に変化する。Pr 型は　a　を吸収すると Pfr 型に，Pfr 型は　b　を吸収すると Pr 型に変化する。光の照射により，フィトクロムが　c　型になると，発芽が促進される。

	a	b	c
①	赤色光	遠赤色光	Pr
②	赤色光	遠赤色光	Pfr
③	遠赤色光	赤色光	Pr
④	遠赤色光	赤色光	Pfr

赤色光（red light），遠赤色光（far-red light）

問14 次の図は，生存個体数と相対年齢の関係を示した生存曲線（survival curve）である。生存曲線は生物種によって異なっており，各年齢の死亡率によって，一般に **A**，**B**，**C** の３つの型に大別される。これについて述べた下の文①〜④の中から，**適切でないもの**を一つ選びなさい。　　**16**

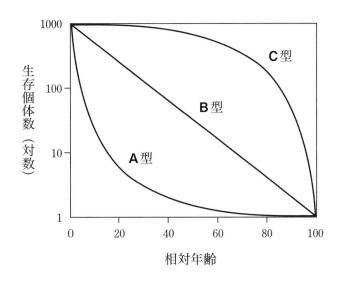

①　**A** 型の生物種は，出生後のしばらくの間は生存率が低いため，個体数が急激に減少する。

②　**A** 型に該当する生物種として，サケ（salmon）やイワシ（sardine）などの魚類があげられる。

③　**B** 型に該当する生物種は，相対年齢が上がるにつれて死亡率が低下する傾向がある。

④　**C** 型に該当する生物種は，ある程度まで相対年齢が上がると死亡率が一気に上昇する。

問15 ある池に生息しているフナ（crucian）の個体数を推定するために，次のような調査をおこなった。この池のフナの個体数に最も近い数字を，下の①～④の中から一つ選びなさい。 **17**

　　この池で，網を用いてフナを100匹捕獲し，標識をつけてその場で池に戻した。3日後に，再び池から50匹のフナを捕獲したところ，そのうち16匹に標識が認められた。

① 110匹　　　　② 210匹　　　　③ 310匹　　　　④ 410匹

問16 生物の個体群間の相互作用とその例について述べた次の文①～④の中から，**誤っているもの**を一つ選びなさい。 **18**

① ナマコ（sea cucumber）と，ナマコの消化管（digestive tract）を隠れ家にするカクレウオ（pearlfish）との関係は，寄生（parasitism）と呼ばれる。

② アブラムシ（aphids）はアリ（ant）に栄養のある分泌物を提供し，アリはアブラムシを肉食性のテントウムシ（ladybird）から守るという関係は，相利共生と呼ばれる。

③ シマウマ（zebra）とダチョウ（ostrich）のように，同じ場所に生息するが互いに利害関係を与えない関係は，中立と呼ばれる。

④ ゾウリムシ（*Paramecium caudatum*）とヒメゾウリムシ（*Paramecium aurelia*）が水槽の中で同一の生活空間やえさなどを奪いあう関係は，種間競争と呼ばれる。

模擬試験

第10回

問1　真核細胞（eukaryotic cell）がもつ細胞構造には，光学顕微鏡 (light microscope) で観察できないものがある。次の**a**～**e**の細胞構造のうち，光学顕微鏡では観察できないものはどれか。正しい組み合わせを，下の①～⑧の中から一つ選びなさい。

1

a　核（nucleus）

b　ミトコンドリア（mitochondria）

c　リボソーム（ribosome）

d　小胞体（endoplasmic reticulum）

e　中心体（centrosome）

① **a，b**　　　② **a，c**　　　③ **a，d**　　　④ **a，e**

⑤ **b，c**　　　⑥ **b，d**　　　⑦ **b，e**　　　⑧ **c，d**

問2　酵素（enzyme）反応の反応速度は，基質濃度 (substrate concentration) と阻害物質 (inhibitor) の有無の影響を受ける。次のグラフ中の実線は，酵素濃度が一定の場合の，基質濃度と反応速度の関係を表している。また，阻害物質 **A** および阻害物質 **B** を一定濃度加えた場合の基質濃度と反応速度の関係を各々のグラフに点線で示している。阻害物質 **A** および阻害物質 **B** の働きについて述べた文として**誤っているもの**を，下の①〜④の中から一つ選びなさい。　　　　　　　**2**

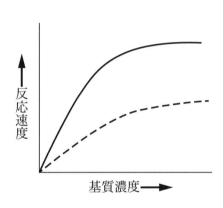

阻害物質**A**を加えた場合　　　　　　　阻害物質**B**を加えた場合

反応速度　　基質濃度➡　　　　反応速度　　基質濃度➡

① 阻害物質 **A** を加えた場合，基質濃度を上げると阻害物質 **A** の効果が弱められ，阻害物質が存在しない場合の反応速度に近づく。

② 阻害物質 **A** は，酵素の活性部位（active site）に基質（substrate）と競争的に結合していると考えられる。

③ 阻害物質 **B** を加えた場合，基質濃度を上げることで，酵素に結合した阻害物質 **B** が酵素から離れ，反応速度が増加する。

④ 阻害物質 **B** は，酵素の活性部位以外の部分に結合していると考えられる。

問 3　呼吸（respiration）や発酵（fermentation）におけるグルコース（glucose）の代謝（metabolism）過程において，ATP は段階的に生成される。1 分子のグルコースが **a** ～ **e** の反応を経て代謝されていくとき，ATP の合成量が最も多い反応を，下の①～⑤の中から一つ選びなさい。　　　　　　　　　　　　　　　　　　　　　　　　　　　　　　**3**

a　解糖系（glycolysis）において，1 分子のグルコースが 2 分子のピルビン酸（pyruvic acid）になる。

b　クエン酸回路（citric acid cycle）において，1 分子のグルコースから生じた 2 分子のピルビン酸がオキサロ酢酸（oxaloacetic acid）などの有機酸（organic acid）になり，二酸化炭素が生じる。

c　クエン酸回路において 2 分子のピルビン酸から生成した還元型補酵素（reduced coenzyme）が，電子伝達系（electron transport system）で酸化される。

d　1 分子のグルコースから生じた 2 分子のピルビン酸が，乳酸発酵（lactic fermentation）により乳酸（lactic acid）に変化する。

e　1 分子のグルコースから生じた 2 分子のピルビン酸が，アルコール発酵（alcoholic fermentation）によりエタノール（ethanol）に変化する。

①　**a**　　　　②　**b**　　　　③　**c**　　　　④　**d**　　　　⑤　**e**

問4 植物は，主として土壌中の硝酸イオン（NO_3^-）を窒素源として吸収し，これを材料に有機窒素化合物（organic nitrogen compound）をつくる。次の図は，窒素同化（nitrogen assimilation）において NO_3^- から生じたアンモニウムイオン（NH_4^+）が複数の段階を経て各種の物質 **X** へと合成される過程を示したものである。図中の物質 **X** の名称と，この一連の反応で NH_4^+ から受け渡される原子団の名称の正しい組み合わせを，下の①〜④の中から一つ選びなさい。　　　　　　　　　　　　　　**4**

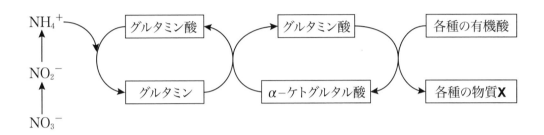

グルタミン酸（glutamic acid），グルタミン（glutamine），α−ケトグルタル酸（α-ketoglutaric acid）

	物質 **X**	原子団
①	アミノ酸	アミノ基
②	核　酸	アミノ基
③	アミノ酸	カルボキシ基
④	核　酸	カルボキシ基

アミノ酸（amino acid），アミノ基（amino group），
核酸（nucleic acid），カルボシキ基（carboxy group）

問5 次の図は，動物細胞における減数分裂（meiosis）の過程を模式的に示したものである。これに関する下の問い (1), (2) に答えなさい。

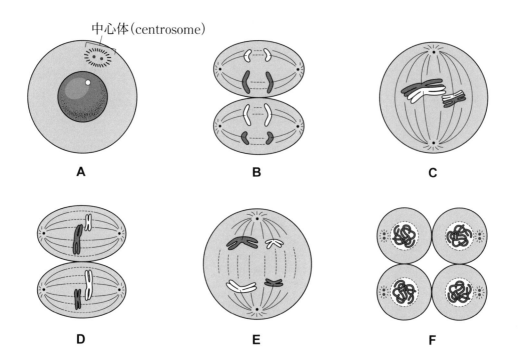

中心体（centrosome）

A B C

D E F

(1) 図 A ～ F を減数分裂の進行順に並べるとどのようになるか。最も適切なものを，次の①～④の中から一つ選びなさい。 **5**

① A → B → D → E → C → F

② A → C → E → B → D → F

③ A → C → E → D → B → F

④ A → D → B → C → E → F

(2) 図 A ～ F のうち，相同染色体（homologous chromosome）の組が同じ細胞中に存在しないものはどれか。正しい組み合わせを，次の①～④の中から一つ選びなさい。 **6**

① A, B, D ② A, D, F ③ B, D, F ④ B, E, F

問6　検定交雑（test cross）について述べた文として正しいものを，次の①〜④の中から一つ選びなさい。　**7**

① 検定交雑は，表現型（phenotype）が劣性（隠性）形質（recessive trait）の個体の遺伝子型（genotype）を推定するために利用される。

② 検定される個体がつくる配偶子（gamete）の遺伝子型とその分離比（segregation ratio）が，交雑によって生じた次の世代の表現型とその分離比によって明らかになる。

③ 検定交雑によって同時に二つの対立遺伝子（allele）に関して遺伝子型を推定することは，不可能である。

④ 検定交雑を用いて二つの対立遺伝子の遺伝子型をある程度推定できるが，二つの対立遺伝子間の組換え価（recombination value）を算出することはできない。

問7 次の文は，ウニ（sea urchin）とカエル（frog）の卵割（cleavage）のしかたを比較して述べたものである。文中の空欄 $\boxed{\text{a}}$ ～ $\boxed{\text{d}}$ にあてはまる語句の正しい組み合わせを，下の①～⑧の中から一つ選びなさい。 $\boxed{\mathbf{8}}$

ウニの卵（egg）は $\boxed{\text{a}}$ であり，8細胞期においてはそれぞれの割球（blastomere）の大きさが $\boxed{\text{b}}$ 。これに対してカエルの卵は $\boxed{\text{c}}$ であり， $\boxed{\text{d}}$ 細胞期に入って初めて割球の大きさに違いが生じる。

	a	b	c	d
①	等黄卵	同じである	端黄卵	8
②	等黄卵	同じである	端黄卵	16
③	等黄卵	異なる	端黄卵	8
④	等黄卵	異なる	端黄卵	16
⑤	端黄卵	同じである	等黄卵	8
⑥	端黄卵	同じである	等黄卵	16
⑦	端黄卵	異なる	等黄卵	8
⑧	端黄卵	異なる	等黄卵	16

等黄卵（isolecithal egg），端黄卵（telolecithal egg）

問 8 ニワトリ（chicken）の 7 日目の胚（embryo）の背中とあしの皮膚を切り取り，表皮（epidermis）と真皮（dermis）に分離した。これらを次の図に示すような組み合わせで結合して培養（culture）したところ，図の右側に示すように，羽毛（feather）あるいはうろこ（scale）が分化（differentiation）した。これらの結果からわかることとして正しいものを，下の①～④の中から一つ選びなさい。ただし，通常は背中の皮膚は羽毛を，あしの皮膚はうろこを形成する。 **9**

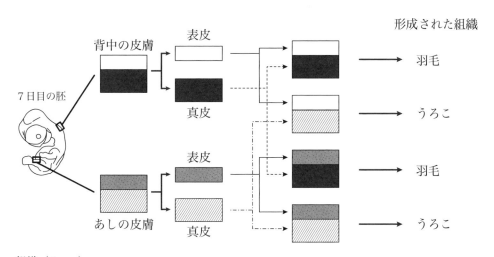

組織（tissue）

① 背中の表皮から羽毛が分化したことから，表皮の分化を決定するのは表皮である。

② 背中の表皮からうろこが分化したことから，表皮の分化を決定するのは表皮である。

③ あしの真皮が接すると，羽毛が分化したことから，表皮の分化を決定するのは真皮である。

④ あしの真皮が接すると，うろこが分化したことから，表皮の分化を決定するのは真皮である。

問 9 ヒトの自律神経系（autonomic nervous system）に関する次の問い (1), (2) に答えなさい。

(1) 自律神経系を構成する交感神経(sympathetic nerve)と副交感神経(parasympathetic nerve) について述べた文として正しいものを，次の①～④の中から一つ選びなさい。

10

① 交感神経は中脳（midbrain），延髄（medulla oblongata），および脊髄（spinal cord）から出るが，副交感神経はすべて脊髄から出る。

② 交感神経は皮膚の立毛筋（arrector pili muscle）の収縮（contraction）を促進するが，副交感神経は皮膚には分布していない。

③ 交感神経の働きが優位になると，眼の瞳孔（pupil）が縮小する。

④ 副交感神経の働きが優位になると，気管支（bronchus）が拡張する。

(2) 次の文①～④は，自律神経系が関与する生理現象について述べたものである。交感神経よりも副交感神経のほうが優位に働いた結果進行することとして適当なものを，次の①～④の中から一つ選びなさい。

11

① 寒冷刺激を受けたときに，体温を保持するために肝臓(liver)での代謝(metabolism)が盛んになる。

② 飢餓状態に陥ったときに，血糖濃度（blood glucose level）を維持するためにグリコーゲン（glycogen）の分解が促進される。

③ 食事を摂取したあとに，胃腸（gastro-intestine）などの消化管のぜん動（peristalsis）が促進され，食べ物が消化される。

④ 緊張状態になったときに，心臓の拍動（pulsation）が促進され，血圧が上昇する。

問10　次の文 a ～ c は，ヒトの恒常性（homeostasis）に関わるホルモン（hormone）について述べたものである。a ～ c に該当するホルモンの名称の正しい組み合わせを，下の①～⑧の中から一つ選びなさい。　　**12**

a　すい臓（pancreas）のランゲルハンス島（islet of Langerhans）のA細胞から分泌（secretion）され，血糖濃度（blood glucose level）を上昇させる。

b　副腎髄質（adrenal medulla）から分泌され，心臓の拍動（pulsation）を促進する効果がある。

c　甲状腺（thyroid）から分泌され，全身の代謝（metabolism）を促進する効果がある。

	a	b	c
①	インスリン	糖質コルチコイド	チロキシン
②	インスリン	糖質コルチコイド	バソプレシン
③	インスリン	アドレナリン	チロキシン
④	インスリン	アドレナリン	バソプレシン
⑤	グルカゴン	糖質コルチコイド	チロキシン
⑥	グルカゴン	糖質コルチコイド	バソプレシン
⑦	グルカゴン	アドレナリン	チロキシン
⑧	グルカゴン	アドレナリン	バソプレシン

インスリン（insulin），糖質コルチコイド（glucocorticoid），チロキシン（thyroxine），バソプレシン（vasopressin），アドレナリン（adrenalin），グルカゴン（glucagon）

問11 白血球（leukocyte）が担う免疫（immunity）作用のうち，リンパ球（lymphocyte）によっておこなわれることについて述べた次の文①〜④の中から，**誤っているもの**を一つ選びなさい。 **13**

① 抗原（antigen）の種類に応じて，特異的な免疫グロブリン（immunoglobulin）を産生する細胞に分化（differentiation）する。

② 病原体（pathogen）を食作用（phagocytosis）により分解し，抗原の断片を細胞表面に提示する。

③ ウイルス（virus）などの病原体に感染した細胞を，特異的に攻撃する。

④ 他の白血球からの抗原提示（antigen presentation）を受けて，抗原の種類に応じて他の免疫系の細胞を活性化（activation）する。

問12 動物の行動について述べた文のうち知能行動（intelligent behavior）にあてはまるものを，次の①〜⑤の中から一つ選びなさい。 **14**

① 迷路に放たれたマウス（mouse）は，試行錯誤を繰り返しながら道を探索し，出口に到達する。

② カラス（crow）は，自分の力で割れないクルミを道路に置き，車にひかせて中身を取り出す。

③ 生まれた直後のカモ（duck）のヒナは，眼の前にいる個体を母親であると認識して，その後をついて歩く。

④ イヌに食事を与える前にベルを鳴らすことを繰り返すと，ベルを鳴らすだけでイヌはだ液（saliva）を分泌（secretion）するようになる。

⑤ イトヨ（three-spined stickleback）の雄は，婚姻色（nuptial coloration）によって赤くなった腹部をもつ同種の個体を攻撃し，繁殖（breeding）のための縄張り（territory）を維持する。

問13 植物の花芽形成（flower bud formation）には，光周性（photoperiodism）が見られることが多い。限界暗期（critical dark period）が13時間の，ある短日植物（short-day plant）を用い，次の図のように**a**～**e**で示された明暗周期のもとで生育させた。このとき，花芽形成がおこると考えられるものはどれか。あてはまるものの正しい組み合わせを，下の①～⑦の中から一つ選びなさい。 15

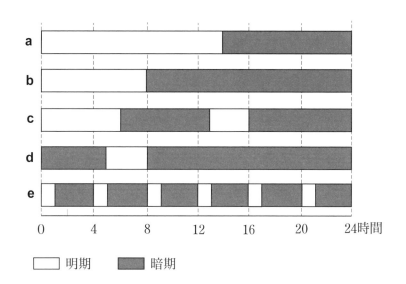

① a，b   ② b，c   ③ c，d   ④ d，e
⑤ a，c   ⑥ b，d   ⑦ c，e

問14　次の文は，個体群密度（population density）による形質の変化について述べたものである。文中の空欄 a ～ c にあてはまる語句の正しい組み合わせを，下の①～⑧の中から一つ選びなさい。　**16**

　　トノサマバッタ（locusta）では，幼虫の時期の個体群密度によって成虫の形態が変化することが知られている。個体群密度が高いときは，体色が茶色の群生相（gregarious phase）となり，長距離飛行に適した相対的に a はねをもつようになる。個体群密度が低いときは，体色が緑色の孤独相（solitary phase）となり，跳躍に適した相対的に b 後肢をもつようになる。このような，個体群密度の違いによって生じる形質のまとまった変化を， c という。

	a	b	c
①	長い	大きい	相変異
②	長い	大きい	種分化
③	長い	小さい	相変異
④	長い	小さい	種分化
⑤	短い	大きい	相変異
⑥	短い	大きい	種分化
⑦	短い	小さい	相変異
⑧	短い	小さい	種分化

相変異（phase variation），種分化（speciation）

問15 多くの生物の間には，外観や働きは異なっていても発生起源が同じため，同じ基本構造をもつ相同器官（homologous organ）と，起源は異なるが，似た形態や働きをもつように変化した相似器官（analogous organ）がある。次のうち，相似器官の関係にある器官の正しい組み合わせを，下の①～⑥の中から一つ選びなさい。 **17**

a チョウ（butterfly）の羽   **b** ヒトの腕

c コウモリ（bat）の翼   **d** ニワトリのあし

① **a**, **b**   ② **a**, **c**   ③ **a**, **d**

④ **b**, **c**   ⑤ **b**, **d**   ⑥ **c**, **d**

問16 次の図は，バイオーム（biome）の分布を示したものである。図中の **A 〜 C** のバイオームにおいて，おもに生育する植物の名称の正しい組み合わせを，下の①〜⑥の中から一つ選びなさい。 **18**

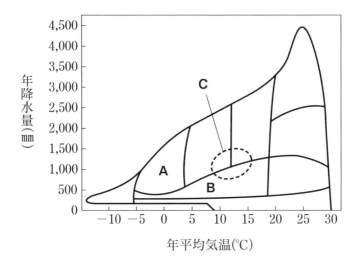

	A	**B**	**C**
①	常緑広葉樹	イネ科植物	常緑針葉樹
②	常緑広葉樹	常緑針葉樹	イネ科植物
③	イネ科植物	常緑針葉樹	常緑広葉樹
④	イネ科植物	常緑広葉樹	常緑針葉樹
⑤	常緑針葉樹	イネ科植物	常緑広葉樹
⑥	常緑針葉樹	常緑広葉樹	イネ科植物

常緑広葉樹（evergreen broad-leaved tree），イネ科（Poaceae family, Gramineae family），
常緑針葉樹（evergreen needle-leaved tree）

正解と解説

第 1 回

正解 ★「生物」で過去に何度も出題されている事項

問	問1	問2	問3	問4	問5	問6	問7	問8	問9	問10
解答番号	1★	2	3★	4	5	6	7★	8	9	10
正解	④	④	③	⑥	②	①	④	③	①	④
問	問11	問12	問13	問14	問15	問16	問17	問18		
解答番号	11★	12★	13★	14	15	16	17	18		
正解	④	②	④	⑥	⑥	④	③	④		

解説

問1

① 原核細胞は核膜に包まれた核はもたないが，リボソームをもっている。リボソームはタンパク質合成の場であり，真核細胞と原核細胞の両方に存在する。また，原核細胞の染色体は核でなく，細胞質基質に存在する。

② ミトコンドリアは呼吸をおこなう場であり，動物細胞と植物細胞の両方に存在する。動物細胞と植物細胞に共通する構造には，ミトコンドリアのほかに細胞膜，細胞質基質，核などがある。葉緑体，細胞壁と発達した液胞は植物細胞にしか見られない。

③ リソソームはさまざまな種類の分解酵素をもち，不要物の分解に関わっている。タンパク質の細胞外への分泌に関わっている細胞小器官はゴルジ体である。

⑤ 小胞体は一重の膜構造をもっている。ほかに一重の膜構造をもつ細胞小器官として，ゴルジ体，リソソーム，液胞が挙げられる。

問5

① DNAを構成するヌクレオチドはアデニン，チミン，グアニン，シトシンの塩基のいずれかを含む。RNAを構成するヌクレオチドは，チミンの代わりにウラシルを塩基としてもつ。

③ DNAの2本のヌクレオチド鎖は二重らせん構造をしていて，ヒストンに巻き付くことでヌクレオソーム構造が形成される。

④ DNAがほどけていく方向と，DNAポリメラーゼが新生鎖を伸長させる方向が同じ場合，その新生鎖をリーディング鎖という。ラギング鎖はDNAがほどける方向と逆方向に合成された新生鎖である。

⑤ ラギング鎖において不連続に複製される短いヌクレオチド鎖を，岡崎フラグメントという。

問6

b アミノ酸はtRNAによってリボソームに輸送され，タンパク質が合成される。小胞体はリボソームで合成されたタンパク質の輸送に関わっていて，ゴルジ体はタンパク質の修飾や細胞外への分泌に関わっている。

d 選択的スプライシングは，真核細胞でのみおこなわれる。選択的スプライシングによって限られた遺伝子数から，多種類のタンパク質が合成される。よって，正解は①である。

問7

下の図は，動物の精子の形成過程を示している。

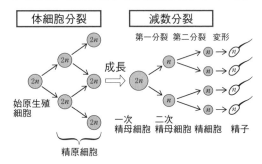

配偶子のように1組の染色体しかもたない核はn，体細胞のように2組の染色体をもつ核は$2n$で表される。精原細胞($2n$)は体細胞分裂を繰り返して増殖し，成長に伴って精原細胞の一部が一次精母細胞($2n$)になる。1個の一次精母細胞は減数分裂をおこない，2個の二次精母細胞(n)を経て4個の精細胞(n)になる。4個の精細胞は変形して4個の精子(n)となる。

問8

次の図は，生物の卵の種類と卵割の様式をまとめたものである。

カエルなど両生類の卵は卵黄が植物極に偏っている端黄卵であり，第3卵割から不等割となる。8細

胞期から割球の大きさに違いが生じ，植物極側の割球のほうが大きくなる。よって，正解は③である。

		等黄卵	端黄卵		心黄卵
卵の種類		A 卵黄量は少なく，一様に分布している	B 卵黄量は多く，植物極側にかたよって分布	C 卵黄量は非常に多く，植物極側にかたよって分布	D 卵黄量は多く，中央に集まっている
卵割の様式		全　割		部　分　割	
		等　割	不　等　割	盤　割	表　割
初期発生の過程	2細胞期				
	4細胞期				
	8細胞期				
	16細胞期				
例		ウニ，哺乳類	両生類	鳥類，は虫類	昆虫類

問9

被子植物の配偶子形成における各段階の核相は，次のとおり。

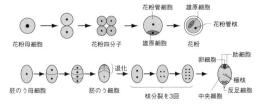

おしべの葯の中では，花粉母細胞(2n)が減数分裂をおこなって，4個の細胞(n)からなる花粉四分子となる。花粉四分子の細胞は，それぞれ細胞の不等分裂によって雄原細胞(n)と花粉管細胞(n)に分かれ，やがて成熟した花粉となる。

めしべの胚珠では，胚のう母細胞(2n)が減数分裂をおこなって1個の胚のう細胞(n)が形成され，残りの3個の娘細胞は退化する。胚のう細胞は核分裂を3回繰り返し，8個の核を生じる。そのうちの3個は，珠孔側で1個の卵細胞(n)と2個の助細胞(n)の核となる。ほかの3個は珠孔の反対側にある反足細胞(n)の核となる。残りの2個は中央細胞の極核になる。

問12

血糖濃度が低下すると，この情報が交感神経を介してすい臓のランゲルハンス島のA細胞と副腎髄質（ふくじんずい）に伝えられる。この結果，ランゲルハンス島の

A細胞からグルカゴン，副腎髄質からアドレナリンが分泌される。グルカゴンやアドレナリンは，肝臓に貯蔵されているグリコーゲンの分解を促進する作用をもつ。

一方，血糖濃度が上昇すると，この情報が副交感神経を介してランゲルハンス島のB細胞に伝えられ，血糖濃度を低下させる作用をもつインスリンが分泌される。

問14

神経細胞に十分に強い刺激を与えると，興奮の伝導と伝達が起こる。伝導は同一神経細胞内で起こり，刺激点から両方向に興奮が伝わる。一方，伝達は神経細胞間で起こり，軸索の末端から樹状突起や細胞体の一方向へのみ伝わる。

よって，**X**に刺激を与えるとまず伝導が起こり，**a**と**b**に興奮が観察される。さらに伝達が起こり，**d, e**に興奮が観察される。伝達は細胞体から軸索の末端へ伝わらないため，**c**には興奮が観察されない。

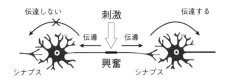

伝達しない　　刺激　　伝達する
伝導　興奮　伝導
シナプス　　　シナプス

問17

(1) 集団に存在する対立遺伝子の集合全体を遺伝子プールといい，遺伝子プールにおける対立遺伝子の存在頻度を遺伝子頻度という。ハーディ・ワインベルグの法則が成り立つ集団では，遺伝子プール内の遺伝子頻度が世代を超えて変動しない。この法則が成り立つ集団は5つの条件を満たしている。
③ 集団への個体の移入や集団からの個体の移出が自由におこなわれると，遺伝子プールが変化し，遺伝子頻度が変動する。ハーディ・ワインベルグの法則が成り立つ集団では，遺伝子の流入や流出がない。

(2) 対立遺伝子(A, a)におけるヘテロ接合体は(Aa)である。Aの遺伝子頻度をp，aの遺伝子頻度をqとすると，p+q＝1。p=0.4であるため，q=0.6。次の表より，(Aa)の頻度は2pq＝2×0.4×0.6＝0.48である。

	A(p)	a(q)
A(p)	AA(p^2)	Aa(pq)
a(q)	Aa(pq)	aa(q^2)

問	問1	問2	問3	問4	問5(1)	問5(2)	問6	問7	問8	問9
解答番号	1★	2★	3	4	5	6	7	8	9	10
正解	⑥	③	①	②	②	②	⑤	③	④	②
問	問10	問11	問12	問13	問14	問15	問16	問17		
解答番号	11★	12★	13★	14	15	16★	17	18		
正解	③	④	③	⑤	④	⑥	③	③		

解説

問3

微生物が酸素を用いずに有機物を分解し,エネルギーを合成する代謝を発酵という。発酵にはアルコール発酵と乳酸発酵などがある。アルコール発酵は,次のように進行する。

・グルコースは細胞質基質で解糖系を経てピルビン酸に変換される。解糖系では,グルコース1分子あたりATP 2分子が合成される。
・酵母では,解糖系により生じたピルビン酸は脱炭酸酵素という酵素の働きによってアセトアルデヒドになる。
・アセトアルデヒドはNADHによって還元されてエタノールとなる。

グルコースを用いたアルコール発酵の反応式は,次のように表される。

$$C_6H_{12}O_6 \longrightarrow 2C_2H_5OH + 2CO_2 + 2ATP$$
$$\text{(グルコース)} \qquad \text{(エタノール)}$$

また,酸素を用いて有機物を分解し,エネルギーを合成する代謝を呼吸という。呼吸は解糖系,クエン酸回路,電子伝達系の3つの反応に分けられる。解糖系では2分子のATP,クエン酸回路では2分子のATP,電子伝達系では最大で34分子のATPが合成される。

グルコースを用いた呼吸の反応式は,次のように表される。

$$C_6H_{12}O_6 + 6H_2O + 6O_2$$
$$\longrightarrow 6CO_2 + 12H_2O + 38ATP$$

問4

与えられたDNA配列は以下である。

ATACATAGCAAGTACCACTG

Aはアデニン,Tはチミン,Cはシトシン,Gはグアニンを表している。RNAはDNAと違ってチミン（T）をもたず,ウラシル（U）という塩基をも

つ。転写の過程では$A \to U$, $T \to A$, $G \to C$, $C \to G$のように転写される。このDNA鎖をもとに合成されるmRNAは以下である。

UAUGUAUCGUUCAUGGUGAC

mRNAの連続した3つの塩基によって1つのアミノ酸が指定される。翻訳は開始コドンであるAUGから始まり,終止コドンであるUAA, UAG, UGAで終了する。終止コドンはほかのコドンと違って,アミノ酸を指定しない。よって,実際に翻訳される配列は

AUG-UAU-CGU-UCA-UGG-UGA

である。コドン表によると,合成されるアミノ酸配列は以下である。

メチオニン-チロシン-アルギニン-セリン-トリプトファン

突然変異が起きて合成されるアミノ酸の数が減る原因として,塩基の置換によってコドンが終止コドンになることが考えられる。

アミノ酸が3つあることから,4番目のコドン（DNA配列の11〜13番目の塩基）が終止コドンになったとわかる。12番目の**G**が**T**に置換すると,4番目のコドンである**UCA**が**UAA**になり,終止コドンとなる。合成されるアミノ酸はメチオニン-チロシン-アルギニンの3つであり,題意を満たす。よって,正解は②である。

問5

検定交雑とは,劣性ホモの個体と交雑をおこなうことで個体の遺伝子型を調べる手法である。

[AB]:[Ab]:[aB]:[ab]＝1:9:9:1より,検定交雑をおこなう前の個体の遺伝子型は次ページのとおり。

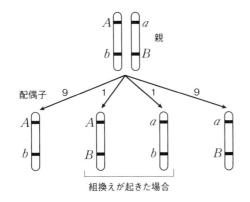

本来ではAbとaBの配偶子のみができるが，組換えが発生してabとABの配偶子が形成される。

また，組換え価＝$\dfrac{\text{組換えを起こした配偶子の数}}{\text{配偶子の総数}} \times$

$100 = \dfrac{(1+1)}{(9+1+1+9)} \times 100 = 10\%$である。

問 9

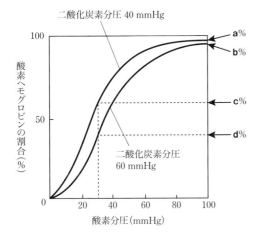

横軸と縦軸はそれぞれ酸素分圧と酸素ヘモグロビンの割合を示していて，2つの曲線は二酸化炭素分圧がそれぞれ40 mmHgと60 mmHgのときの酸素解離曲線である。

問題より，この哺乳類の肺胞の酸素分圧が100 mmHg，二酸化炭素分圧が40 mmHgである。グラフより，肺胞の酸素ヘモグロビンの割合は**a**％である。また，ある組織の酸素分圧が30 mmHg，二酸化炭素分圧が60 mmHgである。グラフより，この組織の酸素ヘモグロビンの割合は**d**％である。したがって，肺胞で結合していた酸素のうち，この組織に与えられる酸素の割合は$\dfrac{(\mathbf{a}-\mathbf{d})}{\mathbf{a}} \times 100$（％）である。

問11

血糖濃度が低下すると，間脳の視床下部がこれを感知し，交感神経の働きが副交感神経の働きを上回るようになり，すい臓のランゲルハンス島A細胞からグルカゴン，副腎髄質からアドレナリンが分泌される。ヒトなどの哺乳類では，グルカゴンやアドレナリンのように，血糖濃度を上げる作用をもつホルモンは複数存在するが，血糖濃度を下げる作用をもつホルモンはインスリンだけである。これは，狩猟採集時代は食物の確保が不安定で血糖値を下げる必要が少なく，飢餓による慢性的な低血糖状態に耐える仕組みができたからと考えられる。

なお，①のバソプレシンは，視床下部の神経分泌細胞でつくられ，脳下垂体後葉から分泌されるホルモンである。腎臓における水の再吸収を促進する抗利尿作用をもつ。

問12

①　免疫は，自然免疫と適応免疫に分けられる。自然免疫には物理的・化学的防御による第1の生体防御機構と，好中球・マクロファージ・樹状細胞の食作用による第2の生体防御機構がある。適応免疫には細胞性免疫と体液性免疫があり，細胞性免疫にはキラーT細胞とヘルパーT細胞による感染細胞への攻撃や食作用の増強，体液性免疫にはB細胞や抗体による免疫反応がある。

②　病原体の多くは自然免疫によって排除されるが，排除しきれなかった場合は適応免疫が働き，細胞性免疫と体液性免疫が同時に働いて異物を排除する。

④　血清療法とは，病原体や毒素に対する抗体をつくり，その抗体を含む血清を注射することで病気を治療，または予防する方法である。この治療法は体液性免疫を応用したものである。

問14

運動神経からのアセチルコリンが筋細胞にある受容体に結合すると，筋収縮が起こる。まず，ミオシン頭部がアクチンと結合し，ミオシン頭部がATP分解酵素として働き，ATPをADPとリン酸に分解する。その後，分解に伴って放出されたエネルギーによって，ミオシン頭部の立体構造が変化して，アクチンフィラメントをたぐり寄せ，アクチンフィラメントの滑走が起こる。よって，明帯の長さは

短くなるが，暗帯の長さは変わらない。

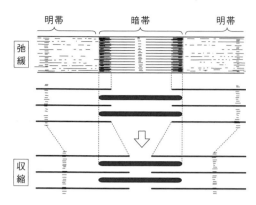

問15

限界暗期とは，花芽形成に影響を与える連続した暗期の長さのことである。

光中断とは，暗期の途中で短時間の光照射をおこなって連続した暗期の長さを限界暗期より短くすることである。

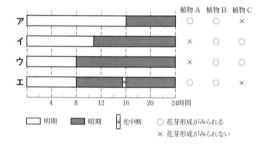

長日植物は連続暗期が限界暗期より短い場合，花芽が形成される。一方，短日植物は連続暗期が限界暗期より長い場合，花芽が形成される。上図で日長に関係なく花芽が形成された植物Bは中性植物である。

上図において，植物Aは**ア**では花芽が形成され，**イ**および**ウ**で暗期が長くなると花芽が形成されないので，長日植物である。また，植物Bは**ア**では花芽が形成されず，**イ**および**ウ**で暗期が長くなると花芽が形成されるので，短日植物である。**エ**では光中断によって最長の連続暗期が**ア**と同じ8時間となるので，結果は**ア**と同じになる。

問16

ある栄養段階のエネルギー効率は，一段階下の栄養段階の同化量に対する，その栄養段階の同化量の割合を表す。

一次消費者のエネルギー効率は
$$\frac{一次消費者の同化量}{生産者の総生産量} \times 100 = \frac{50}{500} \times 100 = 10(\%)$$
生産者のエネルギー効率は
$$\frac{生産者の総生産量}{太陽からのエネルギー} \times 100 = \frac{500}{500000} \times 100$$
$$= 0.1(\%)$$
よって，一次消費者のエネルギー効率は生産者のエネルギー効率の100倍である。

問17

ウシとカンガルーのアミノ酸配列が26個異なることから，祖先動物から $26 \div 2 = 13$ 個ずつ変異したことがわかる。次に，ウシとカモノハシ，カンガルーとカモノハシのアミノ酸配列の違いの平均値をとると，46となる。よって，祖先動物から23個ずつ変異したとわかる。同様に，ウシとコイ，カンガルーとコイ，カモノハシとコイのアミノ酸配列の違いの平均値をとると70.3になり，祖先動物から約35.2個ずつ変異したとわかる。

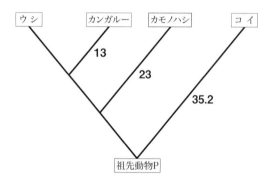

アミノ酸配列の違いの数は，共通祖先からの分岐の年数に比例する。

祖先動物Pとコイの祖先の間に35.2個の変異が入っていて，ウシとカンガルーの祖先の間の変異の $35.2 \div 13 \fallingdotseq 2.7$ 倍である。ウシとカンガルーの祖先が1.3億年前に分岐したことから，祖先動物Pからウシ，カモノハシ，コイ，カンガルーの祖先が分岐したのは今から約 $1.3 \times 2.7 \fallingdotseq 3.5$ 億年前だとわかる。

問	問1	問2	問3	問4	問5	問6	問7	問8	問9	問10
解答番号	**1**	**2★**	**3★**	**4**	**5★**	**6**	**7**	**8**	**9★**	**10★**
正解	③	②	④	②	②	⑥	③	①	④	②
問	問11	問12	問13	問14	問15	問16	問17	問18		
解答番号	**11**	**12**	**13**	**14**	**15★**	**16**	**17★**	**18**		
正解	④	③	⑤	①	③	⑦	③	④		

解説

問4

制限酵素は，特定のDNA配列を認識して切断する酵素である。①～④では，制限酵素**B**の切断点の位置は固定されているが，制限酵素**A**の切断点の位置は異なっている。

実験Ⅰでは，制限酵素**A**のみで処理した。制限酵素**A**の切断点が一か所しかないことから，プラスミドの全長は15,000塩基対だとわかる。

実験Ⅱでは，制限酵素**B**のみで処理した。制限酵素**B**の切断点が二か所あるため，切断点の上側にある断片の長さは6,000塩基対，下側にある断片の長さは9,000塩基対だとわかる。

実験Ⅲでは，制限酵素**A**と**B**の両方で処理した。得られた断片の長さはそれぞれ4,000塩基対，5,000塩基対，6,000塩基対であり，この条件を満たすプラスミドは②である。

問5

① 減数分裂では，2回の分裂が連続して起こる。第一分裂前の間期では，DNAが複製される。

③ 相同染色体が8組ある動物は，$2n=16$で表される。減数分裂では，母細胞に含まれている相同染色体は，別々の生殖細胞に分配される。1組の相同染色体には2本の染色体があり，2通りの選び方がある。したがって，減数分裂で得られる配偶子のもつ染色体の組み合わせは，最大$2^n = 2^8 = 256$種類となる。

④ 1個の一次卵母細胞は減数第一分裂を経て1個の二次卵母細胞と1個の第一極体となり，二次卵母細胞は減数第二分裂を経て，1個の卵細胞と1個の第二極体となる。したがって，1個の一次卵細胞からは1個の卵細胞しかできない。

問6

まず，A–B間の組換え価について考える。表現型が[AB]，[Ab]，[aB]，[ab]の個体数はそれぞれ$598+41=639$，$343+12=355$，$8+357=365$，$39+602=641$である。つまり，
[AB]:[Ab]:[aB]:[ab] $=639:355:365:641$である。
組換え価
$$=\frac{組換えを起こした配偶子の数}{配偶子の総数}\times100$$
$$=\frac{355+365}{639+355+365+641}\times100=36（\%）である。$$

次に，A–C間の組換え価について考える。表現型が[AC]，[Ac]，[aC]，[ac]の個体数はそれぞれ$598+343=941$，$41+12=53$，$8+39=47$，$357+602=959$である。つまり，
[AC]:[Ac]:[aC]:[ac] $=941:53:47:959$である。
組換え価
$$=\frac{組換えを起こした配偶子の数}{配偶子の総数}\times100$$
$$=\frac{53+47}{941+53+47+959}\times100=5（\%）である。$$

よって，正解は⑥である。

問8

花の形成には**A**クラス，**B**クラス，**C**クラスの3種類のホメオティック遺伝子が関わっていて，これらの遺伝子の変異によってホメオティック変異体が生じる。

次の図のとおり，**A**クラス遺伝子に変異が生じるとき，**A**遺伝子の代わりに**C**遺伝子が発現する。領域1と領域4では**C**遺伝子のみが発現するため，めしべが分化する。領域2と領域3では**B**遺伝子と**C**遺伝子が発現するため，おしべが分化する。

よって，**A**クラス遺伝子欠損個体の構造は，外側からめしべ→おしべ→おしべ→めしべとなる。

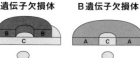
A遺伝子欠損体　B遺伝子欠損体　C遺伝子欠損体

めしべ＋おしべ　　がく片＋めしべ　　がく片＋花弁

問9

① ネフロンは，腎小体と細尿管からなる。ボーマンのうと糸球体からなるのは，腎小体である。

② グルコースは糸球体でろ過され，細尿管ですべて再吸収されるため，尿中には含まれない。

③ タンパク質などの大きな物質は糸球体の壁の孔を通れないため，ろ過されない。

⑤ 濃縮率とは，ある物質の尿中濃度をその物質の血しょう中濃度で割った比率である。

問12

① 無毒化した病原体を人体に注射することで人工的に抗体をつくらせ，免疫を獲得させる方法を予防接種という。

② 免疫細胞が自身の正常な細胞や組織を抗原として認識し，攻撃することを自己免疫疾患という。

④ ヘルパーT細胞がHIVウイルス（ヒト免疫不全ウイルス）に感染して免疫機能が低下し，日和見感染が起きやすくなることをAIDS（後天性免疫不全症候群）という。

問14

グラフより，くちばしにある斑点と周りの色彩の対比を変えた場合，えさねだり行動の誘発率は大きく異なった。対比が大きい赤の斑点をもつ親の模型を使ったときのえさねだり行動の誘発率は100％であるのに対して，対比が小さい黄の斑点をもつ親の模型を使ったときのえさねだり行動の誘発率は，約20％であった。一方，くちばしの色を変えた場合，赤いくちばしの模型ではえさねだり行動の誘発率がほかの色よりやや高かったが，全体的にえさねだり行動の誘発率は50％以下と低い数値になった。よって，決定的な刺激はくちばしの色でなく，くちばしにある斑点と周りの色彩の対比だとわかる。えさねだり行動は生得的行動の一種であり，こうした特定の行動を引き起こす刺激をかぎ刺激という。

問15

光屈性には，オーキシンが関わっている。オーキシンは茎の先端で合成されるが，伸長するのは，茎の先端よりやや下の部分である。光が茎の片側から当たると，オーキシンは光の反対側に移動して下降し，その部分が伸長する。オーキシン分布に偏りができることによって，光屈性が起きる。

a 雲母片はオーキシンを通過させない。雲母片を光の当たる側に差し込んだ場合，オーキシンが右側に移動して下降し，左に屈曲する。

b 雲母片を光の反対側に差し込んだ場合，オーキシンは右側に移動した後，雲母片によって移動が妨げられる。よって，屈曲せず，成長がほとんど見られない。

c ゼラチンはオーキシンを通過させる。ゼラチンを先端部と基部の間に挟んだ場合，オーキシンは右側に移動してからゼラチンを通過して下降する。その結果，左に屈曲する。

d 雲母片を光の方向に対して垂直に差し込んだ場合，茎の先端で合成されたオーキシンの横移動が妨げられ，左右でオーキシンの分布に偏りができない。その結果，成長はできるが，屈曲しない。

問18

コケ植物は胞子体→胞子→配偶体→配偶子→胞子体という生活環をもっている。

雌株の胞子体($2n$)に含まれる胞子のうでは，減数分裂をおこなって4つの胞子(n)ができる。胞子は発芽し，配偶体(n)となる。配偶体には雄株と雌株があり，それぞれの先端に造精器と造卵器がある。造精器と造卵器はそれぞれ精子と卵細胞をつくり，それらは配偶子(n)と呼ばれる。精子が卵に接合すると，受精卵ができる。受精卵が細胞分裂をくり返すことで，新しい胞子体がつくられる。コケ植物の生活環では，核相が$2n$なのは胞子体と胞子のうだけである。

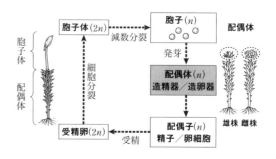

第 4 回

正解 ★「生物」で過去に何度も出題されている事項

問	問1	問2	問3(1)	問3(2)	問4(1)	問4(2)	問5	問6	問7(1)	問7(2)
解答番号	1★	2	3★	4	5	6	7★	8	9★	10
正解	③	⑤	⑤	④	②	②	②	③	④	③
問	問8	問9	問10	問11	問12	問13	問14	問15		
解答番号	11	12	13★	14	15	16	17★	18		
正解	⑤	⑧	①	①	⑤	③	⑤	④		

解説

問1

ホウレンソウの葉の葉肉細胞，ヒトの肝細胞，大腸菌は，それぞれ植物細胞，動物細胞，原核細胞の例である。

Aの構造体は葉肉細胞と大腸菌に存在するが，ヒトの肝細胞には存在しない。細胞壁は植物や真菌類，細菌類に存在するが，動物細胞には存在しないため，Aは細胞壁である。Bの構造体は葉肉細胞にしか存在しないため，葉緑体である。葉緑体は光合成をおこなう細胞小器官であり，植物や藻類に存在する。Cの構造体は肝細胞にしか存在しないため，中心体である。中心体は微小管の形成に関わっていて，動物細胞と一部の植物細胞に存在する。中心体をもつ植物細胞は，コケ・シダ植物と一部の裸子植物に限られている。

問2

一次構造は，タンパク質の最も基本的な構造である。1つのアミノ酸のカルボキシ基と，もう1つのアミノ酸のアミノ基が反応すると，水分子が1個取り除かれてペプチド結合(–CO–NH–)ができる。ペプチド結合によって結合したアミノ酸の配列順序のことを，タンパク質の一次構造という。アミノ酸がつながったポリペプチドは，水素結合によってαヘリックスやβシート状の構造を取ることで安定化している。このような立体構造を，二次構造という。

また，ポリペプチドは側鎖間の相互作用によって，より複雑に折りたたまれる。この構造を三次構造という。三次構造をつくる結合の代表例として，システインの間でつくられるS–S結合がある。S–S結合は熱で切れるため，タンパク質は高温にさらされると変性する。

タンパク質の種類によっては，三次構造をとるポリペプチドが集合して複合体をつくるものもある。このような立体構造を，四次構造という。

問4

(1) 有機窒素化合物は分解者によってNH_4^+に分解され，さらに土壌中や水中に存在する亜硝酸菌や硝酸菌の働きによって，NO_2^-を経てNO_3^-に変えられる。一部のNO_3^-は嫌気的条件で脱窒素細菌の働きによって窒素に変えられ，大気中に放出される。

(2) ① 空気中のN_2は窒素固定によってNH_4^+に還元され，植物体に利用される。

③ 植物が外界からNO_3^-やNH_4^+などの無機窒素化合物を吸収し，生育に必要な有機窒素化合物を合成することを窒素同化という。

④ 窒素同化によって合成される有機窒素化合物には，タンパク質のほかに核酸，ATP，クロロフィルなどがある。脂肪酸や乳酸に窒素は含まれない。

問6

PCR法とはポリメラーゼ連鎖反応法の略であり，DNA断片をもとに同じDNAを多量に増幅させる方法である。まず，DNA溶液を約95℃まで加熱する。その結果，塩基間の水素結合が切れて2本鎖DNAが1本鎖に解離する。次に，温度を50〜60℃まで下げると，1本鎖DNAの3′末端に相補的な短いDNAプライマーが結合する。さらに温度を72℃にすると，耐熱性DNAポリメラーゼが1本鎖DNAを鋳型として2本鎖DNAを合成する。耐熱性DNAポリメラーゼは，高温の環境に生息する好熱菌由来である。

問7

(1) 減数第一分裂の前期に相同染色体の間に乗換えが起こるが，図より，A(a)，B(b)とC(c)が別々の相同染色体にあることがわかる。よって，これらの遺伝子は独立している。乗換えは連鎖している

遺伝子の組み合わせのみ変えられるので，AとB，aとbが同一の染色体上に位置することはない。

② 二次精母細胞は一次精母細胞($2n$)の減数分裂によって生成される細胞であり，核相はnである。

③ 精細胞は，ゴルジ体と中心体をもっている。中心体から鞭毛が形成され，鞭毛の付け根にミトコンドリアが集まるとゴルジ体の働きによって先体が形成される。鞭毛がさらに伸び，先体と核を含む頭部，中心体とミトコンドリアを含む中片部と鞭毛からなる尾部が形成される。細胞質の多くは失われ，精細胞は精子となる。

(2) この個体の遺伝子A(a)，B(b)，C(c)は独立しているため，A，B，Cはそれぞれ$\frac{1}{2}$の確率で特定の配偶子に分配される。この３つの遺伝子が同一の配偶子に分配される確率は$\frac{1}{2} \times \frac{1}{2} \times \frac{1}{2} = \frac{1}{8}$。

問9
傷口に血小板が集合すると，血液凝固反応が起こる。血管が傷つくと血小板から血液凝固因子が放出され，水に溶けにくい繊維状のフィブリンが生成される。フィブリンは血球と絡み合って，血ぺいを形成する。血ぺいは傷口をふさいで，血液が失われることを防ぐ。トロンビンは血液凝固因子の一種であり，フィブリンの前駆体であるフィブリノーゲンに作用して，フィブリンに変換させる働きをもつ。血清は，血液から血球とフィブリンなどの繊維を取り除いたものである。

問10
免疫グロブリンは適応免疫で働く抗体であり，次の図は免疫グロブリンの構造を模式的に示している。図より，抗体は２本のH鎖と２本のL鎖からなる。抗体には定常部と可変部があり，定常部のアミノ酸配列は抗体で共通なのに対して，可変部のアミノ酸配列は抗体の種類によって異なる。抗原と結合するのは可変部で，可変部の立体構造の違いによって抗原との特異的な結合が可能となる。

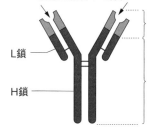

抗原と結合する部位

可変部：抗体の種類によってアミノ酸配列が異なる

L鎖

H鎖

定常部：すべての抗体で共通のアミノ酸配列をもつ

問13
グラフからAの個体数が増加すると，後を追うようにBの個体数も増加したことが読み取れる。Bの個体数が一定数まで増加すると，Aの個体数が減少した。Aの個体数がさらに減少していくと，やがてBの個体数も減少した。この増減が周期的にみられる。被食者–捕食者相互関係では，被食者の増加に伴って捕食者も増加し，被食者の減少に伴って捕食者も減少する。また，被食者は捕食者より個体数が多い。よってAは被食者，Bは捕食者だとわかる。

次に，被食者と捕食者の個体数の相関的変化について考える。まず，グラフの横軸に注目する。被食者が増加すると，エサが増えて捕食者も増加するが，被食者が減少すると，エサがなくなって捕食者も減少する。次に，縦軸に注目する。捕食者が増加すると被食者が捕食されて減少するが，捕食者が減少すると被食者が増加する。これらの条件を満たすグラフはXである。

問14
植物や動物が陸上に進出したのは古生代であり，節足動物と両生類が出現した。古生代のペルム紀には，裸子植物が発展した。中生代に入ると，恐竜類を代表とするは虫類が繁栄した。三畳紀（トリアス紀）には原始的な哺乳類が出現し，ジュラ紀に羽毛をもつ恐竜類から鳥類が出現した。白亜紀では被子植物が出現し，白亜紀末に恐竜類の多くが絶滅した。新生代になると哺乳類と鳥類が繁栄し，霊長類から人類が出現した。

問15
同じ種の生物でも個体によってさまざまな変異が見られ，その変異の多くは遺伝する。遺伝した変異によって生存率や繁殖力に差がある場合，有利な変異をもつ個体がより多くの子を残す。このような選択を自然選択という。オオシモフリエダシャクの暗色化は工業暗化の一例であり，自然選択で説明できる。産業革命で石炭などの化石燃料が大量に消費され，工業化された地域では，大気汚染で樹皮が黒ずんでいった。そのような環境の中では，体色が白っぽい明色型は目立って捕食されやすくなるため，暗色型の方が環境に適応していた。その結果，自然選択によって明色型の個体数が減少し，暗色型の個体数が増加したと考えられる。

第 5 回

正解 ★「生物」で過去に何度も出題されている事項

問	問1	問2	問3(1)	問3(2)	問4	問5	問6	問7	問8	問9
解答番号	**1**	**2**	**3★**	**4★**	**5★**	**6★**	**7**	**8★**	**9**	**10**
正解	②	④	①	⑥	⑧	③	⑦	①	③	③
問	問10	問11	問12	問13	問14	問15	問16	問17		
解答番号	**11★**	**12**	**13**	**14★**	**15**	**16**	**17**	**18**		
正解	⑦	④	⑥	④	④	①	①	③		

解説

問2

a　動物細胞の細胞質分裂は，細胞分裂の終期に形成される収縮環の収縮によって引き起こされる。収縮環はおもにアクチンフィラメントとミオシンから構成され，その収縮によって細胞がくびれ，細胞質が分裂する。なお，植物細胞の場合は細胞板が形成される。

b　鞭毛や繊毛の運動には，微小管とダイニンが関わっている。微小管の上をダイニンが移動することで鞭毛や繊毛が屈曲し，移動が可能になる。

c　原形質流動は原形質が方向性をもって流れる現象であり，アクチンフィラメントの上をミオシンというモータータンパク質が移動することによって起こる。

d　筋収縮では，ATPのエネルギーによってアクチンフィラメントがミオシンフィラメントの間に滑りこむことで，運動が起こる。

e　細胞骨格の中で細胞や核の形を保つ働きを担っているのは，中間径フィラメントである。中間径フィラメントは細胞膜の内側に位置し，強度が高い。

問5

①　DNAとRNAは，いずれも塩基と糖とリン酸からなるヌクレオチドを構成単位とする。ヌクレオソームは真核生物のクロマチン構造の構成単位であり，ヒストンの周りにDNAが巻き付いた構造をとる。

②　DNAを構成する糖はデオキシリボースであり，RNAを構成する糖はリボースである。

④　シャルガフの法則より，生物のDNAにおいて，相補性をもつ塩基（アデニンとチミン，シトシンとグアニン）は，ほぼ同じ割合で含まれている。RNAはDNAと違って1本鎖であるため，シャルガフの法則は成り立たない。

問6

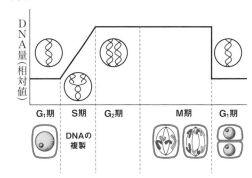

上の図は，体細胞分裂の細胞周期における細胞1個あたりのDNA量の変化を示したものである。細胞周期には，間期と核が分裂する分裂期（M期）がある。間期にはG1期，S期，G2期がある。G1期はDNA合成準備期であり，DNAの量は増えない。DNAを複製する準備ができるとS期に移り，S期の終わりにはDNAの量が2倍になる。その後，細胞はG2期（分裂準備期）に入り，分裂する準備ができると分裂期（M期）に入る。G2期からM期にかけては，DNA量は変わらない。分裂が終了すると，DNAは2個の娘細胞に分配され，それぞれの娘細胞のもつDNA量は元の量になる。

＊の部分はDNA量が2倍のままであるため，細胞周期のうちのG2期＋M期に相当するとわかる。

問11

白血球には好中球，マクロファージ，樹状細胞とリンパ球がある。リンパ球にはB細胞，NK細胞とT細胞がある。これらのうち，自然免疫として働き，食作用をおこなえるのは好中球，マクロファージと樹状細胞の3つである。そのうち，適応免疫の抗原提示をおこなえるのは，マクロファージと樹状細胞である。なお，B細胞も抗原提示能を有する。

樹状細胞は病原体を認識すると活性化し，取り込

んだ病原体の断片を細胞の表面に提示し，近くのリンパ節へ移動する。マクロファージは食作用で病原体を取り込み，抗原提示をおこなう。しかし，樹状細胞とは違い，感染箇所から移動せずにとどまる。そこにヘルパーＴ細胞が結合すると，マクロファージは活性化して食作用が強化される。

また，ヘルパーＴ細胞は獲得免疫で働く。活性化されていないナイーブＴ細胞が抗原提示している樹状細胞を認識すると活性化して増殖し，ヘルパーＴ細胞やキラーＴ細胞に分化する。

問13

①　植物体内のオーキシンの移動には，方向性がある。茎の先端でつくられるオーキシンは基部側のみに輸送され，逆向きに輸送されることはない。極性移動には，細胞膜に存在する輸送タンパク質であるPINタンパク質が関わっている。

②　植物を暗所で水平に置くと，茎の先端でつくられるオーキシンは重力の働きによって下降する。下側のオーキシン濃度が高くなって細胞の成長が促進され，茎は上方に屈曲する。

③　植物では，茎の先端の頂芽が成長しているときは，下側にある側芽の成長は抑制される。この現象を頂芽優勢という。頂芽優勢には植物ホルモンであるオーキシンとサイトカイニンが関わっている。下降したオーキシンは側芽でのサイトカイニン合成を抑制し，分解を促進するため，頂芽優勢が起こる。

④　茎に片側から光を照射すると，オーキシンは光のあたらない側に移動して下降し，光のあたらない側の細胞の成長が促進される。

問15

生態系を構成している生物は，生産者と消費者に分けられる。生産者は，太陽光エネルギーを用いて無機物から有機物を合成する生物で，植物や海藻，植物プランクトンなどが該当する。消費者は，生産者が生産した有機物を栄養分として利用する生物で，動物や動物プランクトンなどが該当する。消費者のうち，生物の遺体や排出物に含まれる有機物を取り入れ，無機物に分解する生物を分解者という。分解者はおもに，菌類や細菌類である。また，生産者を食べる消費者を一次消費者，一次消費者を食べる消費者を二次消費者という。次の図は，生態系における炭素の循環を模式的に

示している。Ａは光合成をおこなう(Ⅰ)のと同時に，呼吸を通して二酸化炭素を排出する(Ⅱ)。ＢはＡを摂食し，呼吸で二酸化炭素を排出する(Ⅲ)。ＣはＢを摂食し，呼吸で二酸化炭素を排出する(Ⅳ)。Ｄは枯死体，遺体などに含まれる有機物を分解し，無機物の二酸化炭素として排出する(Ⅴ)。よって，Ａは生産者，Ｂは一次消費者，Ｃは二次消費者，Ｄは分解者だとわかる。

炭酸同化は二酸化炭素に含まれる無機炭素を用いて有機物を合成する反応であり，代表例として光合成があげられる。

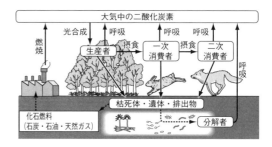

問16

生物学者ダーウィンは，ガラパゴス諸島のフィンチなどさまざまな生物集団を観察し，同じ種でも多様な変異をもつ個体が存在することを発見した。変異の多くは遺伝するため，生存や繁殖に良い影響を与える変異をもつ個体，つまり環境により適応した個体が生き残る。この学説を自然選択説という。

ラマルクは，生物がよく使う器官や機能は発達し，使わない器官や機能は退化し，さらにこの形質の変化が子へ受け継がれるという学説を提唱した。この学説を用不用説という。

ここでは，キリンの首が長い理由を自然選択説で説明する。もともとは，キリンの群れに首が長い個体と首が短い個体が両方存在したと考えられる。首が長いキリンは首が短いキリンよりも高い所にある葉を摂食できるため，生存率と繁殖率が高い。特に干ばつなどの影響で食物の量が限られている環境では，首の長いキリンの方が有利であり，自然選択が強く働く。自然選択の結果，遺伝子頻度に変化が起こり，首の長いキリンの個体数が増加する。

第 **6** 回

正解 ▶ ★「生物」で過去に何度も出題されている事項

問	問1	問2	問3	問4	問5	問6	問7	問8	問9	問10
解答番号	**1**★	**2**	**3**	**4**★	**5**	**6**	**7**	**8**	**9**	**10**★
正解	③	②	②	②	③	④	④	③	②	⑧
問	問11	問12	問13	問14	問15	問16(1)	問16(2)	問17		
解答番号	**11**	**12**	**13**★	**14**	**15**	**16**	**17**	**18**★		
正解	⑤	③	⑤	②	②	③	④	①		

解説

問2

酵母菌は，嫌気的な環境ではグルコースをエタノールと二酸化炭素に分解する。この反応経路を，アルコール発酵という。アルコール発酵が起こるには，グルコースとそれを基質とする酵素群が必要である。酵素などのタンパク質は高温で高次構造が壊れて変性するため，煮沸した酵母抽出液の中の酵素群は活性をもたない。ゆえに，発酵が起こるのはグルコース溶液と常温の酵母抽出液を含む試験管**A**であり，発生する気体は二酸化炭素である。

問5

転写において，DNAの2本鎖のうち鋳型になる鎖はアンチセンス鎖，もう片方はセンス鎖と呼ばれる。mRNAの配列は，mRNAに相補的なDNA鎖を鋳型として写し取られるので，鋳型でない方の鎖のチミン(T)をウラシル(U)に変えればmRNAと同じ配列となる。

よって，元のセンス鎖の塩基配列に対応するmRNAの配列は

5′…AUC‐UUG‐UAU‐GAC‐UGA… 3′

である。コドン表より，この部分を指定するアミノ酸配列は，イソロイシン‐ロイシン‐チロシン‐アスパラギン酸である。

突然変異した塩基配列に対応するmRNAの配列は

5′…AUC‐UUG‐UAA‐GAC‐UGA… 3′

であり，チロシンをコードするコドンの3文字目がUからAに変わったとわかる。UAAは終止コドンであるため，翻訳はそこで終わる。ゆえに，この部分を指定するアミノ酸配列はイソロイシン‐ロイシンである。

問6

遺伝子の染色体上の距離が遠いほど，組換えが起こる頻度（組換え価）は高くなり，組換え価は遺伝子の染色体の距離にほぼ比例する。遺伝子**A**と遺伝子**B**の間の組換え価は15％，遺伝子**B**と遺伝子**C**の間の組換え価は3％であるため，**AB**間の距離は，**BC**間の距離の約5倍と推測される。

問7

① ヒトの体液は細胞内液と細胞外液に分けられる。細胞外にある細胞外液は血しょう，組織液とリンパ液に分けられ，細胞の周囲を満たしている組織液は細胞外液である。

② ヒトの血液の重さの約55％は血しょうであり，残りは有形成分である赤血球，白血球と血小板である。有形成分のうち，数が最も多いのは赤血球である。ちなみに，数が一番少ないのは白血球である。

③ リンパ管内に流れ込んだ組織液は，リンパ液といわれる。リンパ液のおもな成分は血しょうであり，血液とは違って薄い黄色をしている。リンパ液には免疫にかかわる細胞が含まれ，白血球がその例である。

問8

抗原が初めて体内に侵入したときの適応免疫の反応を，一次応答という。一次応答が働くには，1～2週間ほどかかる。免疫能が正常な生物では，同じ抗原が再び体内に侵入したとき，一次応答と違って適応免疫はすばやく働く。これは一次応答で活性化されたT細胞やB細胞の一部が記憶細胞として働き，同じ抗原を認識すると樹状細胞やマクロファージの抗原提示によってすばやく活性化して増殖することができるからである。このような2回目以降の免疫反応を二次応答という。二次応答は一次応答より強く，分泌される抗体の量も多い。①と②では，二次応答の抗体濃度が一次応答の抗体濃度を上回っていないため，不適である。また，

④の二次応答は2週間以上かかっているため，不適である。よって，正解は③である。

問11

吸水した種子は，温度や酸素などの条件が発芽に適するようになると，胚でジベレリンを合成し始める。一方，ジベレリン含有量の増加につれて，アブシシン酸の含有量は減少する。ジベレリンは胚乳の外側の糊粉層の細胞に働きかけて，アミラーゼの発現を誘導する。また，レタスやタバコなどの種子が出芽するには，吸水後に光を浴びることが必要である。このような種子を，光発芽種子という。

一方，アブシシン酸には休眠を深める働きがあり，種子が成熟する際に含有量が増える。アブシシン酸の作用によって，貯蔵物質の脱水が誘導され，種子は乾燥耐性を獲得する。そして胚は休眠に入り，生育に適さないような環境に耐えることができる。

問12

① えさであるヨモギが減少すると，捕食者であるアブラムシも減少する。アブラムシとヨモギの間に捕食関係があるため，この変化は間接効果ではない。

② 被食者であるヨモギハムシが増加すると，えさであるヨモギが減少する。ヨモギハムシとヨモギの間に捕食関係があるため，この変化は間接効果ではない。

③ ナナホシテントウとヨモギハムシの間に捕食関係はないが，ナナホシテントウの被食者であるアブラムシとヨモギハムシの間に種間競争が働く。捕食者であるナナホシテントウが増加すると，被食者であるアブラムシは減少する。そして，アブラムシが減少すると，ヨモギをめぐる種間競争関係にあるヨモギハムシが増加する。このような変化は，間接効果である。

④ 被食者であるアブラムシが増加すると，捕食者であるナナホシテントウも増加する。アブラムシとナナホシテントウの間に捕食関係があるため，この変化は間接効果ではない。

問15

① ニューロンは全体的に細長く，核のある細胞体とそこから伸びる突起から構成されている。突起には，情報を受け取る樹状突起と，情報を離れ

たところまで伝える軸索がある。

③ 絶縁体である髄鞘をもつ有髄神経では跳躍伝導が起こるため，有髄神経の興奮の伝導速度は，無髄神経の伝導速度より速い。

④ シナプスではシナプス前細胞からシナプス後細胞へ興奮が一方向に伝達される。これは，シナプス前細胞から放出された神経伝達物質が，シナプス後細胞にある受容体に結合し，シナプス後細胞の膜電位が変化することで興奮が伝わるためである。

問16

(1) 集団に100個体がいると仮定すると，
AA＝60個体，Aa＝30個体，aa＝10個体である。遺伝子頻度は，ある遺伝子型がその集団の遺伝子プールの中でどのくらいの割合で存在するかを表す値である。よって，Aとaの遺伝子頻度は

$A = \dfrac{60 \times 2 + 30}{100 \times 2} = 0.75$, $a = \dfrac{10 \times 2 + 30}{100 \times 2} = 0.25$ である。

(2) ハーディ・ワインベルグの法則が成立するには，次の5つの条件を満たしている必要がある。
1．集団を構成する個体数が十分に大きいこと。
2．集団内での交配は自由交配であること。
3．生存や繁殖に有利不利がある形質がなく，自然選択が働かないこと。
4．突然変異が起こらないこと。
5．ほかの集団への移出，ほかの集団からの移入が起こらないこと。
ハーディ・ワインベルグの法則が成立している集団では，集団内の遺伝子頻度が世代を経ても変わらない。

問17

② 三葉虫は古生代のカンブリア紀に出現し，オルドビス紀に繁栄した。デボン紀になるとさまざまな魚類が進化して繁栄し，昆虫類と両生類も出現した。

③ 先カンブリア時代に出現した原核生物は，地球上で最初に出現した生物と言われている。約27億年前の地層からストロマトライトという層状構造をもった岩石が発見され，シアノバクテリアの繁栄が証明された。

④ 哺乳類（ほにゅうるい）が多様に分化し，霊長類が出現したのは新生代のことである。中生代白亜紀に出現した被子植物は，新生代になって繁栄した。

問	問1	問2	問3	問4	問5	問6	問7	問8(1)	問8(2)	問9
解答番号	1★	2	3	4	5	6★	7★	8	9	10★
正解	④	③	③	①	⑥	④	④	④	②	①

問	問10	問11	問12	問13	問14	問15	問16	問17
解答番号	11	12	13★	14	15	16	17	18
正解	①	④	③	②	②	②	③	④

解説

問1

葉緑体は外膜と内膜の2枚の膜でできており，内部にはチラコイドという扁平な円盤状の構造をもっている。チラコイドには，クロロフィルやカロテノイドなどの光合成色素が存在していて，光化学反応，光化学系と光リン酸化の場となる。チラコイドは互いに積み重なり，グラナという構造を形成する。グラナを囲むように存在する無色の液体は，ストロマと呼ばれる。ストロマには多くの酵素が溶け込んでいて，炭酸同化や窒素同化の場となる。

また，ミトコンドリアの内膜が内部に向かって突出したひだ状の構造をクリステといい，ATP合成酵素などさまざまな酵素が局在している。

問2

アクチンフィラメントは細胞骨格の一種であり，球状のアクチンが繊維状に集合した構造をもつ。アクチンフィラメントは，筋収縮や原形質流動に関わっている。ミオシンがATPのエネルギーを用いてアクチンフィラメント上を移動することで原形質流動が起こり，生きたオオカナダモの葉を顕微鏡で観察すると，移動する葉緑体が観察できる。

② 外部からの圧力に対抗して細胞の形を保つ役割をもつのは，中間径フィラメントである。

①④ 微小管は球状のチューブリンが管状に集合した構造をもち，鞭毛や繊毛の運動や細胞分裂に関わっている。精子の尾部には微小管が含まれていて，微小管の働きによって鞭毛が動き，精子に運動能力を与える。また，細胞分裂において，微小管は紡錘糸として染色体を両極に分配する働きをもつ。

問6

トリプトファンは，大腸菌にとって生育に必須のアミノ酸である。トリプトファンがアポリプレッサーと複合体を形成すると，リプレッサーとして活性をもつようになりオペレーターと結合する。すると，RNAポリメラーゼがプロモーターと結合できなくなり，トリプトファン合成酵素が転写されない。このように，大腸菌は周囲の環境にトリプトファンが欠乏しているときにはトリプトファンを合成し，周囲にトリプトファンが十分に存在しているときにはトリプトファンの合成を停止する。

問7

① 相同染色体の対合が見られるのは，第一分裂の前期である。第一分裂の後期には，相同染色体が分離し，両極に移動する。

② 減数分裂では第一分裂と第二分裂が連続して起こり，DNAの複製は第一分裂の前の間期におこなわれ，第一分裂と第二分裂の間にはDNAの複製は起こらない。

③ 第一分裂前期に相同染色体が対合するのと同時に，乗換えが起こることがある。

⑤ 核あたりのDNA量は，第一分裂で半減し，第二分裂でさらに半減する。

問8

(1) 検定交雑とは劣性のホモ接合体とかけ合わせる方法であり，その結果から検定交雑した個体の遺伝子型を求めることができる。検定交雑の結果，つまり，表現型の分離比は，検定交雑した個体の配偶子の分離比に一致する。

表現型の分離比は[AB]:[Ab]:[aB]:[ab]＝7:1:1:7であるため，個体Xは AB，Ab，aB，ab の4種類の配偶子を形成できるとわかる。この条件を満たす個体Xは $AaBb$ の遺伝子型をもつ。

(2)　表現型の分離比が異なるため，A(a)とB(b)は連鎖しているとわかる。また，下図より，組換え価を求めると

$$組換え価＝\frac{組換えを起こした配偶子の数}{配偶子の総数}×100$$

$$＝\frac{1＋1}{7＋1＋1＋7}×100＝12.5\%$$

となる。

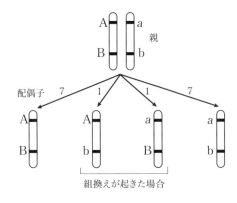

組換えが起きた場合

問9
生物には無性生殖と有性生殖があり，無性生殖では親と子は同一の遺伝情報をもつのに対して，有性生殖では子は両方の親から遺伝子を受けつぎ，親と異なる遺伝情報をもつ。
a　個体の一部が分離して新しい個体ができる場合，親と子は同一の遺伝情報をもつ。
b　ジャガイモの茎や根から種芋ができ，それが新個体となる場合は無性生殖である。しかし，ジャガイモが受粉して花を咲かせ，種子を形成する場合は有性生殖である。
c　カエルでは，卵と精子が接合し，受精卵をつくる。受精卵では両方の親からの遺伝情報が引き継がれているため，有性生殖である。
d　ゾウリムシは有性生殖と無性生殖を両方おこなう生物であり，二つの個体が接合し，新しい遺伝子の組み合わせをつくるときは有性生殖である。また，無性生殖をおこなうときは，細胞分裂で増殖する。

問11
①　タンパク質は原尿と尿には含まれていないため，ボーマンのうでろ過されず，そのまま血しょうに残っているとわかる。

②　グルコースは血しょうと原尿には含まれるが，尿には含まれないため，原尿からほとんど再吸収されたとわかる。グルコースなど，体に必要な物質は細尿管で再吸収される。
③　Na^+などの体に必要な無機塩類は，細尿管で再吸収される。Na^+の尿中濃度が血しょう中濃度より高いのは，細尿管で水とNa^+がともに吸収されるためである。
④　濃縮率＝尿中濃度÷血しょう中濃度
　　　　　＝2÷0.03≒67（倍）

問13
①　小腸で吸収されたグルコースやアミノ酸は，肝門脈を通して肝臓に運ばれる。肝門脈は，小腸の静脈とつながる血管である。肝動脈は，心臓から直接血液を肝臓へ運ぶ。
③　タンパク質分解の際に生じるアンモニアは有毒であり，肝臓で尿素回路を通して毒性の弱い尿素に変換される。
④　肝臓でつくられる胆汁は，脂質を乳化する作用や脂質消化酵素であるリパーゼの促進作用をもつ。すい臓でつくられるすい液には，さまざまな酵素が含まれていて，十二指腸に分泌される。

問16
生物濃縮とは，生物が取り込んだ特定の物質が体内で蓄積し，高濃度となる現象のことである。生物濃縮されやすい物質は体内から排出されにくく，さらに分解されにくい性質をもつ。よって，一旦取り込まれると体内に蓄積され，濃度が高くなる。汚染物質は低次の消費者に取り込まれ，さらにそれを高次の消費者が捕食すると，高濃度の汚染物質を取り込むことになる。このように，汚染物質の濃度は捕食されるごとに上昇するため，栄養段階の上位の生物ほど，生物濃縮の影響を受けやすい。生物濃縮される物質の例としては，DDTやPCBなどがある。

第 8 回

正解 ★「生物」で過去に何度も出題されている事項

問	問1	問2	問3	問4	問5	問6(1)	問6(2)	問7	問8	問9
解答番号	1★	2	3	4	5★	6	7	8	9	10
正解	③	②	①	③	②	③	④	④	②	③
問	問10	問11	問12	問13	問14	問15	問16	問17		
解答番号	11★	12	13	14	15	16	17★	18★		
正解	④	③	⑥	③	②	④	②	⑤		

解説

問4

① アルコール発酵と乳酸発酵は嫌気的条件でおこなわれる反応であり，前者はグルコースをエタノールと二酸化炭素に分解する。後者は解糖系で生じたピルビン酸が乳酸に還元される反応である。アルコール発酵と乳酸発酵で得られるATPは解糖系でつくられるATPのみであり，1分子のグルコースが2分子のピルビン酸に変換される際に正味2分子のATPがつくられる。

一方，呼吸は好気的条件でおこなわれ，解糖系，クエン酸回路と電子伝達系の3つの反応に分けられる。1分子のグルコースあたりのATP生産をまとめると，解糖系で2分子，クエン酸回路で2分子，電子伝達系で最大34分子のATPがつくられる。呼吸全体ではグルコース1分子から最大38分子のATPがつくられる。

② グルコースから乳酸がつくられる反応をまとめると　$C_6H_{12}O_6 + 2ADP + 2H_3PO_4$
$$\longrightarrow 2C_3H_6O_3 + 2ATP + 2H_2O$$
となり，二酸化炭素は生成されない。

④ ヒトの骨格筋細胞は，激しい運動で酸素が不足するとき，酸素を使わない乳酸発酵と同様の反応に切り替え，ATPを合成する。

問5

光合成の反応は，チラコイドでおこなわれる反応と，ストロマでおこなわれる反応に分けられる。チラコイドの膜には光化学系IIと光化学系Iの2つの電子伝達システムがあり，光化学系IIでは光エネルギーにより水が分解され，酸素が生じる。光化学系IではNADP$^+$に電子が渡り，還元力がNADPHとして蓄積される。

ストロマでは，チラコイドで生産されたATPとNADPHがカルビン回路で使われる。カルビン回路では二酸化炭素が固定され，グルコースなどの有機物がつくられる。

問6

(1) 原核生物は細胞核をもたず，DNAが細胞質基質に存在するため転写と翻訳が同時に進行するが，真核生物では核でDNAが転写され，スプライシングなどのRNAプロセシングを受ける。成熟mRNAは核外に輸送され，細胞質で翻訳される。

(2) 転写では，RNAポリメラーゼはDNAの鋳型鎖の3′末端から5′末端に向かって移動しながら，RNAを5′末端から3′末端の方向へ伸長する。翻訳では，リボソームはmRNAの5′末端から3′末端に向かって移動し，ポリペプチド鎖をN末端からC末端方向へ合成する。RNAポリメラーゼとリボソームの移動の方向性を踏まえると，下図のmRNAの長さからDNAの向きがわかる。一番右のRNAポリメラーゼから伸びたmRNAが最も短く，一番左のRNAポリメラーゼから伸びたmRNAが最も長いことから，RNAポリメラーゼは図中のIIの方向に進んでいることがわかる。RNAポリメラーゼはDNAを3′→5′に移動するため，このDNAの左側は5′末端，右側は3′末端だと推測される。リボソームは転写途中のmRNAに付着し，5′→3′（図中のIVの方向）へ移動しながら翻訳をおこなう。

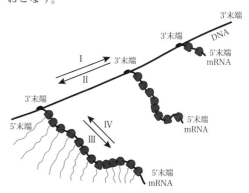

問7

ヒトの赤緑色覚異常は，X染色体上にある劣性遺伝子によって発現する。優性遺伝子をA，劣性遺伝子をaとすると，女性の場合，X^AX^AとX^AX^aの遺伝子型をもつ人は赤緑色覚異常を示さないが，X^aX^aの遺伝子型をもつ人は赤緑色覚異常を示す。男性の場合，X^AYの遺伝子型をもつ人は赤緑色覚異常を示さないが，X^aYの遺伝子型をもつ人は赤緑色覚異常を示す。

この問題では，**A**と**G**は赤緑色覚異常遺伝子をもたないため，**A**と**B**の子孫がX^aX^aの遺伝子型をもつ可能性はない。よって，赤緑色覚異常を示す可能性があるのは，赤緑色覚異常遺伝子を受け継いだ男性のみである。下図は**A**〜**I**のもつ可能性のある遺伝子型を示したものであり，赤緑色覚異常を示す遺伝子型に下線を引いた。

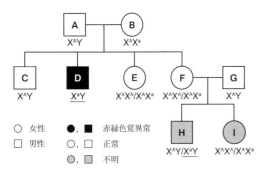

① **D**がもつ赤緑色覚異常遺伝子は，母親**A**から受け継いだものである。

③ **E**や**F**は，赤緑色覚異常遺伝子をもっている可能性がある。

問9

初期原腸胚期では発生運命はまだ決まっていないため，移植片は移植された場所に応じて分化する。つまり，**A**は神経に分化し，**B**は表皮に分化する。しかし，初期神経胚期では発生運命が決まっているので，移植前の発生運命に従って分化する。つまり，予定表皮域から予定神経域に移植した移植片**C**は表皮に分化し，予定神経域から予定表皮域に移植した移植片**D**は神経に分化する。

問11

酸素ヘモグロビンの割合と酸素濃度との関係を示した曲線を，酸素解離曲線という。図より，肺胞での酸素分圧が100mmHg，二酸化炭素分圧が

40mmHgのとき，酸素ヘモグロビンの割合は96%である。ここで，ある組織の酸素分圧が40mmHg，二酸化炭素分圧が60mmHgであるとき，酸素ヘモグロビンの割合は約60%だとわかる。よって，

$$\frac{96\% - 60\%}{96\%} \times 100\% = 37.5\%$$ より，肺から運ばれた酸素の37.5%が組織で放出されたことがわかる。

問12

外洋や深海に生息するカニの体内の塩類濃度は海水とほぼ同じなので，体液濃度を調節する必要がない。体液の濃度調節をおこなっていない場合，体液の塩類濃度は常に外液の塩類濃度に等しくなるため，**C**のカニは外洋や深海に生息するとわかる。また，**A**のカニは外液の塩類濃度が高くなると生育できなくなるのに対して，**B**のカニは，外液の塩類濃度が低いときは体内の塩類濃度を高く保ち，外液の塩類濃度が高いときは体内の塩類濃度を低く保つ。よって，**B**のカニの塩類濃度の調節能力が最も高い。

問15

① 運動神経末端から神経伝達物質であるアセチルコリンが分泌される。アセチルコリンが筋繊維上にあるアセチルコリン受容体に結合すると，イオンチャネルが開いてナトリウムイオンが流入し，膜電位が上昇して筋繊維に興奮が伝達され，筋収縮が引き起こされる。なお，アドレナリンはおもに血糖値が低いときに副腎髄質（ふくじんずいしつ）から分泌される。

② 筋収縮の過程において，ミオシンの頭部はアクチンフィラメントとの結合部位であり，ATP加水分解酵素でもあるという2つの働きをもつ。アクチンフィラメントとミオシンフィラメントの間で滑り運動が起こり，筋収縮が起こる。

③ サルコメアにおいて，ミオシンフィラメントが存在する部分のことを暗帯，アクチンフィラメントのみが存在する部分のことを明帯と呼ぶ。筋収縮の過程においては，明帯の長さが短くなる。

問16

針葉樹は耐寒性が高く，寿命も長い。針葉樹で構成されるバイオームは針葉樹林と呼ばれ，図の**B**の部分である。ちなみに，**A**はツンドラ，**C**は夏緑樹林，**D**は硬葉樹林，**E**は照葉樹林，**F**はステップ，**G**はサバンナ，**H**は砂漠である。

問	問1	問2	問3(1)	問3(2)	問4	問5	問6	問7	問8	問9
解答番号	**1**	**2★**	**3**	**4**	**5**	**6★**	**7**	**8**	**9**	**10★**
正解	④	④	②	②	⑤	⑤	②	①	②	②
問	問10	問11	問12(1)	問12(2)	問13	問14	問15	問16		
解答番号	**11★**	**12**	**13★**	**14**	**15**	**16**	**17★**	**18**		
正解	⑤	③	③	②	②	③	③	①		

解説

問2

① 植物に照射する光が強くなると光合成速度は増加するが，ある光強度以上になると，光合成速度は増加せず一定になる。このときの光合成速度を，最大光合成速度という。

② 光補償点とは，呼吸速度と光合成速度が等しくなり，見かけ上二酸化炭素が出入りしないときの光の強さのことである。それ以上光の強さを強くしても光合成速度が増加しなくなる光の強さは，光飽和点という。

③ 陽生植物とは，草原など日光がよくあたる環境を好む植物のことであり，陰生植物とは，森の中など日陰の環境を好む植物のことである。

陽生植物は光合成速度，呼吸速度ともに大きく，光補償点と光飽和点が高い。陰生植物は光合成速度，呼吸速度ともに小さく，光補償点と光飽和点が低い。

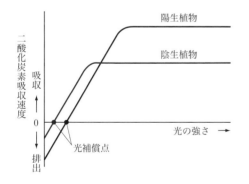

問3

(1) まず，それぞれのバンドの示す意味について考える。遠心力の方向は右向きなので，バンドはそれぞれ左から軽いDNA，中間のDNA，重いDNAを示す。軽いDNAとは2本鎖両方の窒素が^{14}NのDNAであり，中間のDNAとは2本鎖の片方が^{14}N，もう片方が^{15}NのDNAであり，重いDNAとは2本鎖両方の窒素が^{15}NのDNAである。

DNAの複製は半保存的であるため，DNAの2本鎖が分離し，それぞれが鋳型となって新しいヌクレオチド鎖が合成される。大腸菌の培養は^{14}Nのみを含む培地でおこなわれたため，新しく合成されるヌクレオチド鎖の窒素は^{14}Nとなる。1回目の分裂では，^{14}Nと^{15}Nからなる中間のDNAのみが現れ，2回目の分裂では，^{14}Nのみからなる軽いDNAと^{14}Nと^{15}Nからなる中間のDNAが1:1で現れる。

問4

花の形態は**A**遺伝子，**B**遺伝子，**C**遺伝子の3つのホメオティック遺伝子の発現の組み合わせによって決定する。ホメオティック遺伝子に変異が起こり，本来の器官がほかの器官に置き換わった変異体のことをホメオティック突然変異体という。**A**遺伝子のみが発現するとがく片となり，**A**遺伝子と**B**遺伝子が両方発現すると花弁となり，**B**遺伝子と**C**遺伝子が両方発現するとおしべとなり，**C**遺伝子のみが発現するとめしべとなる。**A**遺伝子と**C**遺伝子が同時に発現することはない。

突然変異により**C**遺伝子が機能しなくなると，代わりにその領域で**A**遺伝子が発現する。**ア**と**イ**では，通常どおりにそれぞれがく片と花弁が形成される。**ウ**では，おしべの代わりに花弁が形成される。**エ**では，めしべの代わりにがく片が形成される。よって，**C**遺伝子欠損体は，がく片と花弁のみから形成される花となる。

問6

花粉が受粉すると，花粉管を通って2個の精細胞が胚のうへ運ばれる。被子植物では，1個の卵細胞と1個の精細胞が接合し，核相$2n$の受精卵ができるほか，もう片方の精細胞と中央細胞が融合する。この現象を重複受精という。中央細胞は2つの極核をもつため，核相$3n$の胚乳核ができる。胚となる細胞は核相$2n$の受精卵であり，花粉親の遺

伝子型はAaで，めしべ親の遺伝子型はaaなので，胚となる細胞の遺伝子型はAaかaaである。胚乳となる細胞の核相は3nであり，胚となる細胞の遺伝子型がAaのとき胚乳の遺伝子型はAaaとなり，胚となる細胞の遺伝子型がaaのとき胚乳の遺伝子型はaaaとなる。

	精核(A)	精核(a)
卵細胞(a)	胚(Aa)	胚(aa)
極核(a+a)	胚乳(Aaa)	胚乳(aaa)

問8

海水生の硬骨魚類では体液の塩類濃度より，外液である海水の塩類濃度の方が高いため，浸透圧差で体内の水が外へ出ていく。水不足を解消するために口から海水を取り入れ，余分な塩分をえらから排出する。海水生の硬骨魚類は，体液より塩類濃度の高い尿をつくることができないため，尿の塩類濃度は体液とほぼ同じである。また，体内の水を保持するため，少量の尿しか排出しない。

一方，淡水生の硬骨魚類は外液より体液の塩類濃度の方が高く，水が外から体内に入る。水が入りすぎると体液の塩類濃度が下がってしまうため，尿を大量に排出する。体液の塩類濃度を保つべく，尿の塩類濃度は体液より低い。また，淡水生の硬骨魚類はえらから塩分を取り入れる。

海産硬骨魚類（体液の浸透圧＜外液の浸透圧）

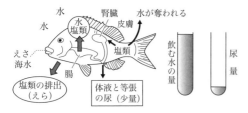

淡水産硬骨魚類（体液の浸透圧＞外液の浸透圧）

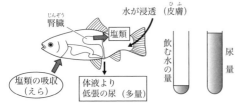

➡ 積極的な吸収または排出　→ 受動的な物質の出入り

問10

白血球には好中球，樹状細胞，マクロファージ，およびリンパ球があり，リンパ球にはB細胞とT細胞とがある。B細胞は体液性免疫に関わっていて，骨髄で成熟し，抗体を産生する形質細胞に分化する。

問12

(1)　筋肉から80mm離れた位置**A**で刺激したときは6.0ミリ秒後に筋肉の収縮がみられたのに対して，筋肉から40mm離れた位置**B**で刺激したときは4.0ミリ秒後に筋肉の収縮がみられたため，興奮は6.0－4.0＝2.0ミリ秒の間に軸索を80－40＝40mm伝わったとわかる。よって，この運動神経の軸索を興奮が伝わるときの伝導速度は，40÷2.0＝20mm/ミリ秒＝20m/秒。

(2)　筋肉から80mm離れた位置**A**で刺激したときは6.0ミリ秒後に筋肉の収縮がみられた。運動神経の軸索を興奮が伝わるときの伝導速度は20mm/ミリ秒であるから，興奮は80÷20＝4.0ミリ秒で末端に届くとわかる。よって，運動神経の末端に興奮が届いてから筋肉が収縮しはじめるまでの時間は6.0－4.0＝2.0ミリ秒である。また，位置**B**で刺激したときは運動神経の末端に興奮が届くまでの時間は40÷20＝2.0ミリ秒で，それに先ほど求めた2.0ミリ秒を足すと4.0ミリ秒となり，設問で与えられた筋肉の収縮までにかかった時間と一致する。

問15

個体群の大きさを推定する方法には，区画法と標識再捕法の2つの推定法があり，生物種によって使い分けられている。標識再捕法は移動が頻繁で，行動範囲が広い生物の個体群の調査に適している。この問題では，再捕獲した50匹は池全体を表すサンプルであり，全体の個体数：標識のついたフナの数の割合は一定だと考えられる。池全体のフナの個体数をNとすると，一度目の捕獲での全体の個体数：標識のついたフナ＝N：100。二度目の捕獲での全体の個体数：標識のついたフナ＝50：16。
N：100＝50：16から，
N＝$\frac{100×50}{16}$＝312.5≒310匹

〔標識再捕法で個体数を推定するときの計算式〕

全個体数＝$\frac{標識をつけて放した個体数×再捕獲した個体数}{再捕獲した個体のうちの標識付個体数}$

問	問1	問2	問3	問4	問5(1)	問5(2)	問6	問7	問8	問9(1)
解答番号	1★	2★	3	4	5★	6	7	8	9	10
正解	⑧	③	③	①	③	③	②	①	④	②
問	問9(2)	問10	問11	問12	問13	問14	問15	問16		
解答番号	11	12★	13★	14	15★	16	17	18		
正解	③	⑦	②	②	⑥	①	②	⑤		

解 説

問2

阻害物質**A**を加えた場合，基質濃度が低いときは阻害効果がみられるが，基質濃度が十分に高くなると阻害効果がみられなくなる。このような特徴をもつ阻害剤は，競争的阻害剤である。競争的阻害剤は基質に類似した構造をもち，基質の代わりに酵素の活性部位と結合する。競争的阻害剤が酵素と結合すると，酵素と結合できる基質の量が減少し，その結果，酵素の反応速度が低下する。しかし，基質濃度が競争的阻害剤濃度と比べて十分高くなると，基質が阻害剤と結合する確率が低くなり，阻害作用がほとんどみられなくなる。

一方，阻害物質**B**を加えた場合，基質濃度を高くすると，酵素反応速度は増加するが，基質濃度が一定の値を超えると酵素の反応速度も一定となる。一定になったときの速度は，阻害物質がない場合の酵素の反応速度より低いため，基質濃度に関わらず阻害効果がみられることがわかる。このような特徴をもつ阻害剤は，非競争的阻害剤である。非競争的阻害剤は酵素の活性部位以外の場所に結合し，阻害作用を起こす。非競争的阻害剤が結合すると，酵素の立体構造が変化し，基質が結合しにくくなるため，酵素の反応速度が低下する。競争的阻害剤とは違い，基質濃度の影響を受けずに酵素と結合できるため，阻害効果が維持される。

③ 阻害物質**B**は非競争的阻害剤であるため，基質濃度の影響を受けずに酵素に結合できる。非競争的阻害剤を加えた場合，反応速度はある程度まで増加し，その後は一定となる。

問6

① 検定交雑は，遺伝子型が不明な個体の表現型が，優性の場合に利用される。

③ 二遺伝子雑種の検定交雑によって生じた次の

世代の表現型と分離比から，同時に二つの対立遺伝子に関して遺伝子型を推定できる。

④ 連鎖している二つの対立遺伝子の間では，一定の割合で組換えが起こる。二遺伝子雑種の検定交雑によって生じた次の世代の配偶子の分離比は，表現型の分離比にそのまま反映されるため

$$組換え価＝\frac{組換えを起こした配偶子の数}{配偶子の総数}×100\%$$

で組換え価を求められる。

例えば，配偶子の分離比 $= a{:}b{:}b{:}a(a>b)$の場合，

$$組換え価＝\frac{b+b}{a+b+b+a}×100\%＝\frac{b}{a+b}×100\%である。$$

問8

本来羽毛を形成する背中の真皮に背中の表皮とあしの表皮を結合したところ，両方羽毛に分化した。また，本来うろこを形成するあしの真皮に背中の表皮とあしの表皮を結合した結果，両方うろこに分化した。よって，ニワトリの7日目の胚では，表皮の予定運命は確定しておらず，真皮からの誘導によって分化することがわかる。

問9

(1) 間脳にある視床下部は，体温や血糖値などの体内環境の変化を感知し，自律神経系を介して体の各器官へ情報を伝える。自律神経系は作用が拮抗する交感神経と副交感神経からなる。

交感神経は，興奮したときやストレスを感じたときに（特に闘争場面や逃避場面に強く）働く神経である。交感神経は，脊髄（せきずい）を経由して各器官に働きかける。交感神経が優位のときは，交感神経の末端から神経伝達物質のノルアドレナリンが分泌され，心臓の拍動が速くなる。また，気管支が拡張し，より多くの酸素を取り込めるようになる。さらに，より多くの外部情報を取り入れられるよう，瞳孔も拡大する。

一方，副交感神経は食後やリラックスしていると

きに働く神経で，中脳と延髄から出る経路と脊髄の下部から出る経路の2つがある。副交感神経が優位のときは，副交感神経の末端からアセチルコリンが分泌され，心臓の拍動が遅くなる。また，先ほどと逆の現象が起こり，気管支が収縮し，瞳孔が縮小する。

(2) 交感神経と副交感神経の各器官への影響は右表のとおり。

交感神経	器官	副交感神経
拡大	瞳孔	縮小
促進	心臓拍動	抑制
拡張	気管支	収縮
抑制	すい臓すい液分泌	促進
抑制	消化管ぜん動	促進
グリコーゲンの分解	肝臓	グリコーゲンの合成
収縮	立毛筋	分布せず

① 寒冷刺激を受けると交感神経が優位に働き，体温を保持するために肝臓での代謝が盛んになる。
② 飢餓状態に陥ったときは交感神経が優位に働き，肝臓でグリコーゲンが分解され，エネルギー源として使われる。
④ 緊張状態になったときは交感神経が優位に働き，交感神経の末端からノルアドレナリンが放出され，心臓の拍動が促進され，血圧が上昇する。

問12

知能行動とは，知能に基づき未経験なことに対して結果を推測し，適切に行動することである。
① 動物が試行と失敗を繰り返すことで，やがて正しい方法を習得することを試行錯誤という。
② カラスは優れた知能行動をする鳥類として知られている。この行動は，車にクルミを割らせるという未経験なことに対する知能行動である。
③ カモの追従行動は生後早い段階で獲得される行動であり，刷込みと呼ばれる。
④ この行動は，習得的行動である。イヌにえさを与えると，だ液を分泌する。ベルを鳴らしてからえさを与えることを繰り返すと，犬は学習し，ベルを鳴らすだけでだ液を分泌するようになる。このような条件刺激と無条件刺激を組み合わせた学習を，古典的条件づけという。
⑤ イトヨの攻撃行動は生来備わっている行動の一種であり，生得的行動である。婚姻色による腹部の赤い色は，攻撃行動のかぎ刺激である。

問13

限界暗期とは，花芽形成に影響を与える連続した暗期の長さのことである。短日植物では，連続暗期が限界暗期より長い場合のみ，花芽が形成される。下図より，**a**，**b**，**c**，**d**，**e**の最も長い連続した暗期はそれぞれ10時間，16時間，8時間，21時間，3時間である。限界暗期は13時間であるため，花芽が形成されるのは**b**と**d**である。

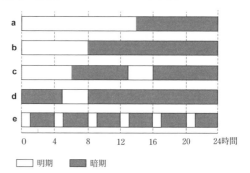

問14

トノサマバッタは，個体群密度によって異なる形態を示す。このような変化を相変異という。個体群密度が高いときは，体色が茶色の群生相となる。まわりに競争相手がたくさんいるので，えさを確保するために遠くまで移動する必要がある。よって，群生相のトノサマバッタは長距離飛行に適した長いはねをもつ。飛ぶことが増えると，跳躍に必要な後脚は，比較的小さくなる。

一方，個体群密度が低いときは，体色が緑色の孤独相となる。孤独相のトノサマバッタは，えさを得るのに遠くまで移動する必要がないため，短いはねをもつ。跳躍することが多いため，それに必要な後脚が比較的大きくなる。

孤独相と群生相のトノサマバッタの特徴をまとめると，下表のようになる。

	はね	後肢	産卵数	卵の大きさ	発育速度
孤独相	短い	大きい	多い	小さい	遅い
群生相	長い	小さい	少ない	大きい	速い

問15

相同器官とは，発生起源が同じで，同じ基本構造をもつ器官のことである。コウモリの翼とヒトの腕は，外観や働きは異なるが，どちらも前肢の骨の構造が同じである。よって，発生起源は同じだと考えられる。

一方，コウモリの翼とチョウの羽は外観が似ていて，どちらも空を飛ぶ働きがあるが，起源と構造が異なる。このような器官を，相似器官という。

付録

中日英用語対照表 日本語／英語／中文

―――――― 数字 ――――――

- □3'末端／3'-end, three prime-end／3'端
- □5'末端／5'-end, five prime-end／5'端
- □8の字ダンス／figure-eight dance/waggle dance／蜜蜂舞蹈

―――――― 英字 ――――――

- □ABO式血液型／ABO blood type／ABO血型系统
- □ADP／adenosine diphosphate／二磷酸腺苷
- □AIDS／acquired immunodeficiency syndrome／获得性免疫缺陷综合症
- □AMP／adenosine monophosphate／一磷酸腺苷
- □ATP／adenosine triphosphate／三磷酸腺苷
- □ATPアーゼ／ATPase/adenosine triphosphatase／ATP酶/三磷酸腺苷酶
- □ATP合成酵素／ATP synthase／ATP合成酶/三磷酸腺苷合成酶
- □A(α)細胞(ランゲルハンス島)／A(α) cell (islet of Langerhans)／胰岛A细胞
- □B(β)細胞(ランゲルハンス島)／B(β) cell (islet of Langerhans)／胰岛B细胞
- □B細胞(リンパ球)／B cell (lymphocyte)／B细胞(淋巴球)
- □DNA／deoxyribonucleic acid／脱氧核糖核酸
- □DNA合成期／DNA synthetic phase／DNA合成期
- □DNA合成準備期／pre-DNA synthetic phase／DNA合成的准备期
- □DNAシーケンサー／DNA sequencer／DNA序列测定仪
- □DNA多型，ゲノム多型／DNA polymorphism／DNA多态性
- □DNAヘリカーゼ／DNA helicase／DNA解旋酶
- □DNAポリメラーゼ／DNA polymerase／DNA聚合酶
- □DNAリガーゼ／DNA ligase／DNA连接酶
- □G_1期／G_1 phase／G_1期
- □G_2期／G_2 phase／G_2期
- □HIV, ヒト免疫不全ウイルス／human immunodeficiency virus／人类免疫缺陷病毒
- □H鎖／heavy chain/H chain／重链
- □iPS細胞／induced Pluripotent Stem cell／诱导性多能干细胞
- □L鎖／light chain/L chain／轻链
- □mRNA／messenger RNA／信使RNA
- □mRNA前駆体／precursor mRNA／前mRNA
- □M期／M phase／M期
- □Na^+チャネル／sodium channel／钠离子通道
- □NAD^+／NAD^+／辅酶I
- □NADH／NADH／还原型辅酶I
- □NADPH／NADPH／还原型辅酶II
- □NK細胞／NK cell/natural killer cell／自然杀伤细胞
- □PCR法／polymerase chain reaction／聚合酶链式反应
- □P_{fr}型／P_{fr} form／Pfr型
- □P_r型／P_r form／Pr型
- □RNA／ribonucleic acid／核糖核酸
- □RNAポリメラーゼ／RNA polymerase／RNA聚合酶
- □RNAワールド仮説／RNA world hypothesis／RNA世界假说
- □rRNA／ribosomal RNA／核糖体RNA
- □S-S結合，ジスルフィド結合／S-S bond/disulfide bond／二硫键
- □S期／S phase／S期
- □tRNA／transfer RNA／转运RNA
- □T細胞／T cell／T淋巴细胞
- □T細胞受容体／T cell receptor／T细胞受体
- □X染色体／X chromosome／X染色体
- □XO型／XO type／XO型
- □XY型／XY type／XY型
- □Y染色体／Y chromosome／Y染色体
- □ZO型／ZO type／ZO型
- □ZW型／ZW type／ZW型
- □Z膜／Z membrane／Z膜

―――――― あ ――――――

- □アーキア／archaea／古生菌
- □アーキアドメイン，アーキア超界／domain Archaea／古菌域
- □アオコ/水の華／cyanobacteria/water bloom／藻华
- □アクアポリン，水チャネル／aquaporin／水通道蛋白
- □アクチン／actin／肌动蛋白
- □アクチンフィラメント／actin filament／肌动蛋白纤维
- □亜高山帯／subalpine zone／亚高山带
- □亜高木層／sub-tree layer／亚高木层
- □亜硝酸菌／nitrite bacteria／硝化细菌
- □アセチルCoA，アセチル補酵素A／acetyl CoA/acetyl-coenzyme A／乙酰辅酶A
- □アセチルコリン／acetylcholine/ACh／乙酰胆碱
- □圧覚／sense of pressure／压感
- □圧点／pressure spot／压力点
- □アデニン／adenine／腺嘌呤
- □アデノシン／adenosine／腺苷
- □アデノシン一リン酸／adenosine monophosphate/AMP／腺苷一磷酸
- □アデノシン三リン酸／adenosine triphosphate/ATP／腺苷三磷酸
- □アデノシン二リン酸／adenosine diphosphate/ADP／腺苷二磷酸
- □アドレナリン／adrenalin／肾上腺素
- □アドレナリン受容体／adrenergic receptor／肾上腺素受体
- □亜熱帯多雨林／subtropical rain forest／亚热带多雨林
- □アブシシン酸／abscisic acid／脱落酸
- □アポトーシス／apoptosis／细胞凋亡

□アミノ基／amino group／氨基
□アミノ酸／amino acid／氨基酸
□アミノ酸配列／amino acid sequence／氨基酸序列
□アミラーゼ／amylase／淀粉酶
□アメーバ運動／amoeboid movement／变形运动
□アメーバ／amoeba／变形虫
□アルギニン／arginine／精氨酸
□アルギニン要求，アルギニン要求突然変異体／
　　　　　　　argineless mutant／精氨酸需求性突变体
□アルコール発酵／alcoholic fermentation／酒精发酵
□アルビノ，白子，白化個体／albino／白化病患者
□αヘリックス構造，αらせん／α-helix／α螺旋
□アレルギー／allergy／过敏
□アレルゲン／allergen／过敏原
□アロステリック効果／allosteric effect／别构效应
□アロステリック酵素／allosteric enzyme／别构酶
□暗順応／dark adaptation／暗适应
□暗帯／dark band／暗带
□アンチコドン／anticodon／反密码子
□暗発芽種子／dark germinater／暗发芽种子
□暗反応／dark reaction／暗反应
□アンモナイト／ammonite／菊石类
□アンモニア／ammonia／氨
□アンモニウムイオン／ammoniumion／铵根离子

───────── い ─────────

□硫黄細菌／sulfur bacteria／硫细菌
□イオンチャネル／ion channel／离子通道
□イオンポンプ／ion pump／离子泵
□異化／catabolism／异化作用
□緯割／latitudinal cleavage／横(卵)裂
□維管束／vascular bundle／维管束
□維管束系／vascular (bundle) system／维管束系统
□維管束植物／tracheonophytes/vascular plant／维管植物
□閾値／threshold value／阈值
□生きている化石／living fossil／活化石
□異形接合体／heterozygote／异形接合
□異形配偶子／anisogamete, heterogamete／异形配子
□異所的種分化／allopatric speciation／异域性物种形成
□異数体／heteroploid/aneuploid／染色体异常个体
□一遺伝子一酵素説／one gene-one enzyme theory／
　　　　　　　　　　　　　一基因一酶学说
□一遺伝子雑種／monohybrid／单基因杂种
□一次応答／primary response／初次免疫应答
□一次間充織細胞／primary mesenchymal cell／
　　　　　　　　　　　　初级间充质细胞
□一次構造／primary structure／一级结构
□一次消費者／primary consumer／初级消费者
□一次精母細胞／primary spermatocyte／初级精母细胞
□一次遷移／primary succession／原生演替
□一次卵母細胞／primary oocyte／初级卵母细胞
□一年生植物／annual plant／一年生植物

□一夫一妻／monogamy／一夫一妻制
□一夫多妻／polygamy／一夫多妻制
□遺伝／heredity/inheritance／遗传
□遺伝暗号／genetic code／遗传密码
□遺伝暗号表，コドン表／codon table／遗传密码表
□遺伝子／gene／基因
□遺伝子型／genotype／基因型
□遺伝子組換え技術／gene recombination technique／
　　　　　　　　　　　　転基因技术
□遺伝子工学／genetic engineering／基因工程
□遺伝子座／gene locus／基因座
□遺伝子重複／gene duplication／基因复制
□遺伝子治療／gene therapy／基因治疗
□遺伝子導入／gene transfer／转基因
□遺伝子突然変異／gene mutation／基因突变
□遺伝子発現／gene expression／基因表达
□遺伝子頻度／allele frequency／基因频率
□遺伝子プール／gene pool／基因库
□遺伝情報／genetic information／遗传信息
□遺伝的多型／genetic polymorphism／遗传性多态现象
□遺伝的多様性／genetic diversity／遗传多样性
□遺伝的浮動／genetic drift／基因漂变
□遺伝的変異／genetic variation／遗传变异
□イネ科／Poaceae family, Gramineae family／禾本科
□陰樹／shade tree／阴生树
□飲食作用，エンドサイトーシス／endocytosis／
　　　　　　　　　　　　胞吞作用/内吞作用
□インスリン／insulin／胰岛素
□陰生植物／shade plant／阴生植物
□インドール酢酸／indoleacetic acid/IAA／吲哚乙酸
□イントロン／intron／内含子
□陰葉／shade leaf／阴生叶

───────── う ─────────

□ウイルス／virus／病毒
□右心室／right ventricle／右心室
□右心房／right atrium／右心房
□うずまき管／cochlea／耳蜗
□うずまき細管／cochlea duct／蜗管
□ウラシル／uracil／尿嘧啶
□雨緑樹林／rain green forest／热带季雨林
□運動神経／motor nerve／运动神经
□運動ニューロン／motoneuron/motor neuron／
　　　　　　　　　　　　運动神经元
□運動野／motor area/motor cortex／运动皮层
□運搬RNA／transfer RNA／转运RNA

───────── え ─────────

□エイズ，後天的免疫不全症候群／
　　　AIDS/acquired immunodeficiency syndrome／
　　　　　　　　　　　获得性免疫缺陷综合症
□栄養器官／vegetative organ／营养器官

- ☐ 栄養生殖／vegetative reproduction／营养繁殖
- ☐ 栄養段階／trophic level／营养级
- ☐ 栄養要求株, 栄養要求突然変異体／
  auxotroph/nutrient requiring mutant/nutritional mutant／
  营养缺陷型
- ☐ エキソサイトーシス, 開口分泌／exocytosis／胞吐作用
- ☐ エキソン／exon／外显子
- ☐ 液胞／vacuole／液泡
- ☐ エタノール／ethanol／乙醇
- ☐ エチレン／ethylene／乙烯
- ☐ エネルギー／energy／能量
- ☐ エネルギー効率／energy efficiency／能量效率
- ☐ エネルギー代謝／energy metabolism／能量代谢
- ☐ エネルギーピラミッド／pyramid of energy／能量金字塔
- ☐ 塩基／base／碱基
- ☐ 塩基対／base pair／碱基对
- ☐ 塩基配列／base sequence／碱基序列
- ☐ 遠近調節／accommodation／远近调节
- ☐ 円形ダンス／round dance／圆形舞蹈
- ☐ 炎症／inflammation／炎症
- ☐ 猿人／ape man／猿人
- ☐ 遠心性神経／efferent nerve／传出神经
- ☐ 遠心分離機／centrifuge／离心机
- ☐ 延髄／medulla oblongata／延髓
- ☐ 遠赤色光／far-red light／远红光
- ☐ エンドサイトーシス, 飲食作用／endocytosis／
  内吞作用/胞吞作用

─────── お ───────

- ☐ 黄斑／macula lutea／黄斑
- ☐ 横紋筋／striated muscle／横纹肌
- ☐ おおい膜／tectorial membrane／耳蜗覆膜
- ☐ オーキシン／auxin／生长素
- ☐ 岡崎フラグメント／Okazaki fragment／冈崎片段
- ☐ おしべ／stamen／雄蕊
- ☐ オゾン層／ozone layer／臭氧层
- ☐ オプシン／opsin／视蛋白
- ☐ オペレーター／operator／操纵子
- ☐ オペロン／operon／构造基因群
- ☐ オペロン説／operon theory／操纵子学说
- ☐ オルニチン回路／ornithine cycle／鸟氨酸循环
- ☐ 温覚／sense of warmth／温觉
- ☐ 温室効果／greenhouse effect／温室效应
- ☐ 温室効果ガス／greenhouse effect gas／温室效应气体
- ☐ 温帯草原／temperate grassland／温带草原
- ☐ 温点／warm spot／温点
- ☐ 温度傾性／thermonasty／趋温性

─────── か ───────

- ☐ 科／family／科
- ☐ 界／kingdom／界
- ☐ 介在ニューロン／interneuron／中间神经元

- ☐ 外耳／external ear／外耳
- ☐ 開始コドン／initiation codon／起始密码子
- ☐ 階層構造／layered structure/stratification／层级结构
- ☐ 解糖／glycolysis／糖酵解
- ☐ 解糖系／glycolytic pathway／糖酵解途径
- ☐ 外胚葉／ectoderm／外胚层
- ☐ 海馬／hippocampus／海马体
- ☐ 灰白質／grey matter／灰质
- ☐ 外分泌腺／exocrine gland/duct gland／外分泌腺
- ☐ 開放血管系／open blood-vascular system／
  开放式循环系统
- ☐ 外膜／outer membrane／外膜
- ☐ 海綿状組織／spongy parenchyma/spongy tissue／
  海绵组织
- ☐ 海綿動物／sponge／海绵动物
- ☐ 外来生物／alien species/exotic species／入侵物种
- ☐ 花芽／flower bud／花芽
- ☐ 化学屈性／chemotropism／向药性
- ☐ 化学合成／chemosynthesis／化学合成
- ☐ 化学合成細菌／chemosynthesis bacteria／化学合成细菌
- ☐ 化学受容器／chemoreceptor／化学感应器
- ☐ 化学進化／chemical evolution／化学进化
- ☐ 化学走性／chemotaxis／趋化性
- ☐ 化学的防御／chemical defense／化学防御
- ☐ 花芽形成／flower bud formation/flower initiation／
  花芽形成
- ☐ かぎ刺激（信号刺激）／key stimulus（sign stimulus）／
  钥匙刺激
- ☐ 核／nucleus／核
- ☐ がく／calyx／花萼
- ☐ 核移植／nuclear transplantation／核移植
- ☐ 顎口動物／gnathostomulid／颚胃动物
- ☐ 拡散／diffusion／扩散
- ☐ 核酸／nucleic acid／核酸
- ☐ 角質層／horny layer／角质层
- ☐ 学習／learning／学习
- ☐ 核小体／nucleolus／核仁
- ☐ 核相／nuclear phase／核相
- ☐ 獲得形質／acquired character／获得性遗传
- ☐ 獲得免疫／acquired immunity／获得性免疫
- ☐ 核分裂／nuclear division／核分裂
- ☐ 角膜／cornea／角膜
- ☐ 核膜／nuclear membrane／核膜
- ☐ 核膜孔／nuclear pore／核膜孔
- ☐ 学名／scientific name／学名
- ☐ 攪乱／disturbance／干扰
- ☐ 隔離／isolation／隔离
- ☐ 隔離説／isolation theory／隔离学说
- ☐ 過酸化水素／hydrogen peroxide／过氧化氢
- ☐ 果実／fruit／果实
- ☐ 花成ホルモン, フロリゲン／flowering hormone/florigen／
  成花激素

□化石／fossil／化石
□化石燃料／fossil fuels／化石燃料
□下大静脈／inferior vena cava／下腔静脉
□カタラーゼ／catalase／过氧化氢酶
□割球／blastomere／卵裂球
□活性化エネルギー／activation energy／活化能
□活性部位／active site／活性中心
□褐藻類／brown algae／褐藻纲
□活動電位／action potential／动作电位
□活動電流／action current／动作电流
□滑面小胞体／smooth endoplasmic reticulum／
　　　　　　　　　　　　　　　　　　　光面内质网
□果糖／fructose／果糖
□仮道管／tracheid／假导管
□果皮／pericarp／果皮
□花粉／pollen／花粉
□花粉管／pollen tube／花粉管
□花粉管核／pollen tube nucleus／花粉管核
□花粉管細胞／pollen tube cell／花粉管细胞
□花粉四分子／pollen tetrad／四分花粉
□花粉症／hay fever/pollen allergy／花粉症
□花粉母細胞／pollen mother cell／花粉母细胞
□可変部／variable region／可变区
□鎌状赤血球貧血症／sickle cell anemia／镰刀型细胞贫血症
□ガラス体／corpus vitreum／玻璃体
□カリウムチャネル／potassium channel/K$^+$channel／
　　　　　　　　　　　　　　　　　　　钾离子通道
□顆粒球／granulocyte／粒细胞
□夏緑樹林／summer-green deciduous forest／夏绿落叶林
□カルシウムポンプ／calcium pump/Ca^{2+}pump／
　　　　　　　　　　　　　　　　　　　钙离子泵
□カルス／callus／愈伤组织
□カルビン回路／Calvin cycle／卡尔文循环
□カルボキシ基／carboxy group／羧基
□カロテノイド／carotenoid／类胡萝卜素
□カロテン／carotene／胡萝卜素
□がん／cancer／癌
□感覚／sense/sensation／感觉
□感覚器／sense organ/sensory organ／感觉器官
□感覚細胞／sense cell/sensory cell／感觉细胞
□感覚神経／sensory nerve／感觉神经
□感覚点／sensory spot/sense spot／感觉点
□感覚ニューロン／sensory neuron／感觉神经元
□感覚毛／sensory hair, sensory epithelium／感觉毛
□感覚野／sensory area／感觉皮层
□間期／interphase／间期
□眼球／eye ball/opthalmus／眼球
□環境／environment／环境
□環境形成作用／reaction／环境形成作用
□環境収容力／carrying capacity/environmental capacity／
　　　　　　　　　　　　　　　　　　　环境承载力
□環境変異／environmental variation／环境变异

□環境要因／environmental factors／环境因素
□環形動物／annelid／环节动物
□幹細胞／stem cell／干细胞
□環状除皮／girdling／环状剥皮
□肝静脈／hepatic vein／肝静脉
□肝小葉／hepatic lobule／肝小叶
□乾性遷移／xerarch succession／旱生演替
□完全培地／complete medium／完全培养基
□肝臓／liver／肝脏
□かん体細胞／rod cell／视杆细胞
□陥入／invagination／内陷
□間脳／diencephalon／间脑
□眼胚／optic cup／视杯
□カンブリア紀／Cambrian period／寒武纪
□カンブリア大爆発／Cambrian Explosion/Cambrian Big Bang／
　　　　　　　　　　　　　　　　　　　寒武纪生物大爆发
□眼胞／optic vesicle/ocular vesicle／视泡
□肝門脈／hepatic potal vein／肝门静脉
□冠輪動物／lophotrochozoan／冠轮动物

———————— き ————————

□紀／period／纪
□キーストーン種／keystone species／关键种
□記憶細胞／memory cell／记忆细胞
□機械組織／mechanical tissue／机械组织
□器官／organ／器官
□気管／trachea／气管
□器官系／organ system／器官系统
□器官形成／organogenesis／器官发生
□気孔／stoma／气孔
□基質／substrate／底物
□基質特異性／substrate specificity／底物特异性
□寄生／parasitism／寄生
□寄生虫／parasite／寄生虫
□擬態／mimicry／拟态
□基底膜／basilar membrane/basement membrane／基底膜
□キネシン／kinesin／驱动蛋白
□基本組織系／fundamental tissue system／基本组织
□ギャップ／gap／间隙
□ギャップ結合／gap junction／缝隙连接
□嗅覚／sense of smell/olfactory sense／嗅觉
□嗅覚器／olfactory organ／嗅觉器官
□旧口動物／protostome／原口动物
□嗅細胞／olfactory cell／嗅觉细胞
□吸収上皮／absorptive epithelium／吸收上皮
□吸収スペクトル／absorption spectrum／吸收光谱
□嗅受容器／olfactory receptor／嗅觉感受器
□嗅上皮／olfactory epithelium／嗅上皮
□求心性神経／afferent nerve/centripetal nerve／传入神经
□吸水力／suction force／吸水力
□休眠／dormancy／休眠
□丘陵帯／hilly zone／丘陵带

☐ 橋／annular protuberance/pons／脑桥
☐ 強縮／tetanus／强缩
☐ 共進化／coevolution／共同进化
☐ 共生／symbiosis／共生
☐ 共生説（細胞内共生説）／
　　symbiotic theory（endosymbiotic theory）／共生学说
☐ 胸腺／thymus／胸腺
☐ 競争／competition／竞争
☐ 競争的阻害／competitive inhibition／竞争抑制
☐ 競争的排除／competitive exclusion／竞争排除
☐ 競争排除則／competitive exclusion principle／
　　　　　　　　　　　　　　　　　　競争排除原則
☐ 共通祖先／common ancestor／共同祖先
☐ 恐竜／dinosaur／恐龙
☐ 極核／polar nucleus／极核
☐ 極性／polarity／极性
☐ 極性移動／polar transport／极性移动
☐ 極相／climax／顶级群落
☐ 極相種／climax species／顶极种
☐ 極相林／climax forest／顶极森林
☐ 極体／polar body／极体
☐ 棘皮動物／echinoderm／棘皮动物
☐ 拒絶反応／rejection／排斥反应
☐ 魚類／fish／鱼类
☐ キラーT細胞／killer T cell／杀伤性T细胞
☐ 筋／muscle／肌肉
☐ 菌界／kingdom Mycota/kingdom fungi／真菌界
☐ 筋原繊維／myofibril／肌原纤维
☐ 筋細胞／muscle cell／肌细胞
☐ 菌糸／hypha／菌丝
☐ 筋収縮／muscle contraction／肌肉收缩
☐ 筋繊維／muscle fiber／肌纤维
☐ 筋組織／muscle tissue／肌肉组织
☐ 筋肉／muscle／肌肉
☐ 筋紡錘／muscle spindle／肌梭
☐ 菌類／fungus(pl.fungi)／真菌

――――――――― く ―――――――――

☐ グアニン／guanine／鸟嘌呤
☐ 食いわけ／food segregation／分食
☐ クエン酸／citric acid／柠檬酸
☐ クエン酸回路／citric acid cycle／三羧酸循环
☐ 区画法／quadrat method／样方法
☐ 茎／stem／茎
☐ くし板／comb plate／栉板
☐ クチクラ／cuticle／角质
☐ クチクラ層／cuticular layer／角质层
☐ 屈曲運動／curvature movement／弯曲运动
☐ 屈筋反射／flexor reflex／屈肌反射
☐ 屈湿性／hygrotropism／向湿性
☐ 屈触性／haptotropism／向触性
☐ 屈水性／hydrotropism／向水性

☐ 屈性／tropism／向性
☐ 屈地性／geotropism／向地性
☐ 組換え／recombination／重组
☐ 組換えDNA／recombinant DNA／重组DNA
☐ 組換え価／recombination value／重组值
☐ クモ／spider／蜘蛛，蜘蛛
☐ グラナ／granum／基粒
☐ グリア細胞／glial cell/glia cell／神经胶质细胞
☐ グリコーゲン／glycogen／糖原
☐ クリステ／cristae／线粒体嵴
☐ グリセリン／glycerin／甘油
☐ グリセリン筋／glycerinated muscle／甘油肌
☐ グルカゴン／glucagon／胰高血糖素
☐ グルコース／glucose／葡萄糖
☐ グルタミン／glutamine／谷氨酰胺
☐ グルタミン酸／glutamic acid／谷氨酸
☐ クレアチン／creatin／肌酸
☐ クレアチンリン酸／phosphocreatine／磷酸肌酸
☐ クローニング／cloning／克隆技术
☐ クローン／clone／克隆
☐ クローン選択説／clonal selection theory／克隆选择学说
☐ グロビン／globin／球蛋白
☐ クロマチン繊維／chromatin fiber／染色质纤维
☐ クロロフィル／chlorophyll／叶绿素
☐ 群生相／gregarious phase／群居相

――――――――― け ―――――――――

☐ 経割／meridional cleavage／经线裂
☐ 形質／character／性状
☐ 形質細胞／plasma cell／浆细胞
☐ 形質置換／character displacement／性状替换
☐ 形質転換／transformation／性状转换
☐ 形質発現／phenotypic expression／性状表达
☐ 傾性／nasty／感性
☐ 形成層／cambium／形成层
☐ 形成体／organizer／形成体
☐ 珪藻類／diatoms／硅藻类
☐ 茎頂分裂組織／shoot apical meristem／顶端分生组织
☐ 系統／line/pedigree／谱系
☐ 系統樹／phylogenetic tree／谱系树
☐ 系統分類／phylogenetic classification／分类学
☐ 警報フェロモン／alarm pheromone／示警信息素
☐ 血液／blood／血液
☐ 血液型／blood group/blood type／血型
☐ 血液凝固／blood coagulation／凝血
☐ 血液凝固因子／blood coagulation factor／凝血因子
☐ 血管／blood vessel／血管
☐ 血管系／blood-vascular system／血管系统
☐ 血球／blood corpuscle/h(a)emocyte／血细胞
☐ 結合組織／connective tissue／结缔组织
☐ 欠失／deletion／缺失

□血しょう／blood plasma／血浆

□血小板／thrombocyte/platelet／血小板

□血清／serum／血清

□血清療法／serotherapy／血清疗法

□血糖／blood glucose／血糖

□血糖値／blood glucose level／血糖含量

□血ぺい／blood-clot／血块

□解毒作用／detoxication／解毒作用

□ゲノム／genome／染色体组

□腱／tendon/sinew／腱

□限界暗期／critical dark period／临界暗期

□限界原形質分離／plasmolysis／质壁分离

□原核細胞／prokaryotic cell／原核细胞

□原核生物／prokaryote／原核生物

□原核生物界／kingdom of procayote／原核生物界

□原基／anlage／原基

□嫌気性細菌／anaerobic bacteria／厌氧性细菌

□原基分布図／anlagen plan/fate map／原基分布图

□原形質／protoplasm／原生质

□原形質流動／protoplasmic streaming／原生质流动

□原形質連絡／plasmodesm／胞间连丝

□原口／blastopore／原口

□原口背唇部／dorsal lip／背唇

□原索動物／protochordate／原索动物

□原始海洋／primordial ocean／原始海洋

□原腎管／protonephridium／原肾管

□減数分裂／meiosis／减数分裂

□原生生物／protist(pℓ.protista)／原生生物

□原生生物界／kingdom of protista／原生生物界

□原生動物／protozoa／原生动物

□元素／element／元素

□原腸／archenteron／原肠

□原腸形成／gastrulation／原肠胚形成

□原腸胚／gastrula／原肠胚

□検定交雑／test cross／测交

□限定要因／limiting factor／限制因素

□原尿／primitive urine／原尿

□原皮質／archicortex／原脑皮质

―――――― こ ――――――

□綱／class／纲

□高エネルギーリン酸結合／high-energy phosphate bond／高能磷酸键

□好塩基球／basophil／嗜碱性粒细胞

□光化学系／photochemical system／光化学系

□光化学反応／photochemical reaction／光化学反应

□光学顕微鏡／light microscope／光学显微镜

□甲殻類／crustacean／甲壳类

□睾丸／testicle／睾丸

□交感神経／sympathetic nerve／交感神经

□後期／anaphase／(细胞分裂的)后期

□好気性細菌／aerobic bacteria／好氧细菌

□工業暗化／industrial melanism／工业黑化

□抗血清／antiserum／抗血清

□抗原／antigen／抗原

□抗原抗体反応／antigen-antibody reaction／抗原抗体反应

□抗原提示／antigen presentation／抗原呈递

□光合成／photosynthesis／光合作用

□光合成細菌／photosynthetic bacteria／光合成细菌

□光合成色素／photosynthetic pigment／光合成色素

□光合成速度／photosynthetic rate／光合成速度

□硬骨魚類／bony fish／硬骨鱼

□虹彩／iris／虹膜

□交雑／cross／杂交

□好酸球／acidophil, eosinocyte／嗜酸性粒细胞

□高山帯／alpine zone／高山带

□鉱質コルチコイド／mineralocorticoid／盐皮质激素

□光周性／photoperiodism／光周期

□恒常性／homeostasis／稳态

□甲状腺／thyroid gland／甲状腺

□甲状腺刺激ホルモン／thyroid stimulating hormone／促甲状腺激素

□甲状腺ホルモン／thyroid hormone／甲状腺素

□紅色硫黄細菌／purple sulfur bacteria／紫色硫细菌

□後成説／epigenesis／渐成论

□酵素／enzyme／酶

□構造遺伝子／structural gene／结构基因

□紅藻類／Rhodophyceae/red algae／红藻门

□酵素 - 基質複合体／enzyme-substrate complex／酶-底物复合物

□抗体／antibody／抗体

□抗体産生細胞／antibody-forming cell／抗体形成细胞

□好中球／neutrophil／嗜中性粒细胞

□高張液／hypertonic solution／高渗溶液

□後天性免疫不全症候群／acquired immunodeficiency syndrome／获得性免疫缺陷综合症 AIDS

□行動／behavior／行为

□興奮／excitation／兴奋

□興奮性シナプス／excitatory synapse／兴奋性突触

□孔辺細胞／guard cell／保卫细胞

□酵母菌／yeast／酵母菌

□高木限界／tree line／林木线

□高木層／tree layer／乔木层

□肛門／anus／肛门

□広葉型／broad leaved type／宽叶型

□硬葉樹林／sclerophyllous forest／硬叶林

□五界説／Five-Kingdom System／五界学说

□呼吸／respiration／呼吸

□呼吸基質／respiratory substrate/respiratory substance／呼吸底物

□呼吸商／respiratory quotient／呼吸商

☐ 呼吸速度／respiration rate／呼吸速率
☐ コケ植物／bryophytes／苔藓植物
☐ コケ層／moss layer／苔藓层
☐ 古細菌／archaebacterium／古细菌
☐ 古細菌ドメイン／domain Archaea／古细菌域
☐ 古生代／Paleozoic era／古生代
☐ 個体／individual／个体
☐ 個体群／population／种群
☐ 個体群密度／population density／种群密度
☐ 個体数ピラミッド／pyramid of numbers／个体数金字塔
☐ 骨格筋／skeletal muscle／骨骼肌
☐ 骨髄／bone marrow／骨髓
☐ 古典的条件付け／classical conditioning／经典条件反射
☐ 孤独相／solitary phase／孤立相
☐ コドン／codon／密码子
☐ コハク酸／succinic acid／琥珀酸
☐ コハク酸脱水素酵素／succinate dehydrogenase／琥珀酸脱氢酶
☐ 古皮質／paleocortex／原脑皮质
☐ 糊粉層／aleurone layer／糊粉层
☐ 鼓膜／tympanum／鼓膜
☐ コラーゲン／collagen／胶原蛋白
☐ ゴルジ体／Golgi body／高尔基体
☐ コルチ器／Colti's organ／螺旋器
☐ 痕跡器官／vestigial organ／退化器官
☐ 根端分裂組織／root apical meristem／根端分生组织
☐ 昆虫／insect／昆虫
☐ 根毛／root hair／根毛
☐ 根粒／root nodule／根瘤
☐ 根粒菌／root nodule bacteria/rhizobium／根瘤菌

─────── さ ───────

☐ 再吸収／reabsorption／重吸收
☐ 細菌（バクテリア）／bacteria／细菌
☐ 細菌ドメイン／domain Bacteria／细菌域
☐ 最終収量一定の法則／law of constant final yield／定终产量定律
☐ 最小培地／minimal medium／基本培养基
☐ 最適pH／optimum pH／最适pH
☐ 最適温度／optimum temperature／最适温度
☐ サイトカイニン／cytokinin／细胞分裂素
☐ サイトカイン／cytokine／细胞因子
☐ 細尿管／uriniferous tubule／肾小管
☐ 細胞／cell／细胞
☐ 細胞液／cell sap／细胞液
☐ 細胞外液／extracellular fluid／细胞外液
☐ 細胞結合／cell junction/cell adhesion／细胞连接
☐ 細胞群体／cell colony／细胞集落
☐ 細胞呼吸／cellular respiration／细胞呼吸(呼吸)
☐ 細胞骨格／cytoskeleton／细胞骨架
☐ 細胞質／cytoplasm／细胞质
☐ 細胞質基質／cytoplasmic matrix／细胞质基质

☐ 細胞質分裂／cytokinesis/cytoplasmic division／细胞质分裂
☐ 細胞質流動／cytoplasmic streaming／细胞质流动
☐ 細胞周期／cell cycle／细胞周期
☐ 細胞小器官／organelle／细胞器
☐ 細胞性免疫／cell-mediated immunity／细胞性免疫
☐ 細胞説／cell theory／细胞学说
☐ 細胞接着／cell adhesion／细胞黏着
☐ 細胞体／cell body／细胞体
☐ 細胞内共生／endosymbiosis／内共生
☐ 細胞内共生説／endosymbiotic theory／内共生学说
☐ 細胞板／cell plate／细胞板
☐ 細胞分画法／cell fractionation／细胞分离法
☐ 細胞分裂／cell division／细胞分裂
☐ 細胞壁／cell wall／细胞壁
☐ 細胞膜／cell membrane／细胞膜
☐ 細胞融合／cell fusion／细胞融合
☐ 酢酸カーミン／acetocarmine／醋酸洋红
☐ さく状組織／palisade parenchyma／栅栏组织
☐ 鎖骨下静脈／subclavian vein／锁骨下静脉
☐ 左心室／left ventricle／左心室
☐ 左心房／left atrium／左心房
☐ 雑種／hybrid／杂种
☐ 雑種第一代（F1）／first filial generation／杂种一代
☐ 雑種第二代（F2）／second filial generation／杂种二代
☐ 砂漠／desert／沙漠
☐ サバンナ／savanna(h)／热带草原
☐ 作用／action／作用
☐ 作用スペクトル／action spectrum／作用光谱
☐ サルコメア／sarcomere／肌节
☐ 三界説／Three-Kingdom System／三界说
☐ 酸化酵素／oxidase／氧化酶
☐ 酸化的リン酸化／oxidative phosphorylation／氧化磷酸化
☐ 三次構造／tertiary structure／三级结构
☐ 三次消費者／tertiary consumer／三级消费者
☐ 三畳紀／Triassic period／三叠纪
☐ 酸性雨／acid rain／酸雨/酸性降水
☐ 酸素／oxygen／氧气
☐ 酸素解離曲線／oxygen dissociation curve／氧离曲线
☐ 酸素ヘモグロビン／oxyhemoglobin／氧合血红蛋白
☐ 山地帯／montane zone／山地带
☐ 三点交雑／three-point test／三点测交
☐ 三点交雑法／three-point cross／三点杂交法
☐ 三ドメイン説／three domain system／三域理论
☐ 三葉虫／trilobite／三叶虫

─────── し ───────

☐ シアノバクテリア／cyanobacteria／蓝藻
☐ 視覚／visual sense／视觉
☐ 視覚器／optic organ／视觉器官
☐ 自家受精／self-fertilization／自交

□師管／sieve tube／筛管
□軸索／axon／轴突
□シグナル伝達・情報伝達／signal transduction／信号转导
□刺激／stimulus／刺激
□始原生殖細胞／primordial germ cell／原始生殖细胞
□試行錯誤／trial and error／反复试验
□自己免疫疾患／autoimmune disease／自体免疫性疾病
□視細胞／visual cell／视细胞
□脂質／lipid／脂类
□脂質二重層／lipid bilayer／脂双层
□示準化石／index fossil／指准化石
□視床／thalamus／丘脑
□視床下部／hypothalamus／下丘脑
□耳小骨／auditory ossicle／听小骨
□自食作用・オートファジー／autophagy／自噬作用
□視神経／optic nerve／视神经
□雌性配偶子／female gamete／雌配子
□自然浄化／natural purification／自然净化
□自然選択／natural selection／自然选择
□自然選択説／natural selection theory／自然选择学说
□自然発生／spontaneous generation／自然发生说
□自然分類／natural classification／自然分类
□自然免疫／natural immunity／先天性免疫
□示相化石／facies fossil／指相化石
□四足類／tetrapod／四足动物
□始祖鳥／archeopteryx／始祖鸟
□舌／tongue／舌头
□シダ植物／pteridophytes／蕨类
□しつがい腱反射／patellar tendon reflex／膝跳反射
□失活／inactivation／失活
□湿性遷移／hydrarch succession／水生演替
□湿地／wetland／湿地
□シトシン／cytosine／胞嘧啶
□シナプス／synapse／突触
□シナプス間隙／synaptic cleft／突触间隙
□シナプス後細胞／postsynaptic cell／突触后细胞
□シナプス小胞／synaptic vesicle／突触小泡
□シナプス前細胞／presynaptic cell／突触前细胞
□師部／phloem／筛部
□視物質／visual pigment／视色素
□ジベレリン／gibberellin／赤霉素
□脂肪／fat／脂肪
□子房／ovary／子房
□脂肪酸／fatty acid／脂肪酸
□刺胞動物／cnidarian／刺胞动物
□死亡量・枯死量／amount of death／死亡量
□社会性昆虫／social insect／社会性昆虫
□シャジクモ類／charophyte／轮藻植物
□種／species／种
□縦割（経割）／meridional cleavage／经线裂
□終期／telophase／终期

□集合管／collecting tubule／集合管
□集合フェロモン／aggregation pheromone／聚集信息素/集合信息素
□終止コドン／stop codon／终止密码子
□従属栄養生物／heterotroph／异养生物
□収束進化，収れん／convergent evolution／趋同进化
□柔組織／parenchyma／薄壁组织
□シュート／shoot／幼苗
□重複受精／double fertilization／重复受精
□就眠運動／nyctinastic movement／感夜运动
□重力屈性／geotropsim／向地性
□重力走性／geotaxis／趋地性
□種間競争／interspecific competition／种间竞争
□宿主／host／宿主
□種子／seed／种子
□種子植物／spermatophyte/seed plant／种子植物
□樹状細胞／dendritic cell／树突细胞
□樹状突起／dendrite／树突
□種小名／specific name／种名
□受精／fertilization／受精
□受精丘／fertilization cone／受精锥
□受精膜／fertilization membrane／受精膜
□受精卵／fertilized egg／受精卵
□出芽／budding／出芽
□受動輸送／passive transport／被动转运
□種内競争／intraspecific competition／种内竞争
□種の起源／Origin of Species／物种起源
□種の多様性／species diversity／物种多样性
□珠皮／integument／珠被
□種皮／seed coat／种皮
□種分化／speciation／物种形成
□受容器／receptor／感受器
□受容体／receptor／受体
□シュワン細胞／Schwann's cell／施旺细胞
□順位／dominance hierarchy／优势等级
□春化処理／vernalization／春化
□循環系／circulatory system／循环系统
□純系／pure line／纯系
□純生産量／net production／净生产量
□子葉／cotyledon／子叶
□硝化／nitrification／硝化
□硝化菌／nitrifying bacteria／硝化菌
□小割球／micromere／小裂球
□条件刺激／conditioned stimulus／条件刺激
□条件づけ／conditioning／条件反射
□条件反応／conditioned response／条件反射
□蒸散／transpiration／蒸腾
□硝酸還元／nitrate reduction／硝酸还原
□硝酸菌／nitrate forming bacteria／亚硝化细菌
□常染色体／autosome／常染色体
□小脳／cerebellum／小脑

□消費者／consumer／消费者
□上皮組織／epithelial tissue／上皮组织
□小胞体／endoplasmic reticulum／内质网
□情報伝達物質／signal transmitter／信息传递物质
□静脈／vein／静脉
□静脈血／venous blood／静脉血
□静脈弁／valve of vein／静脉瓣
□照葉樹林／laurel forest／照叶林
□常緑樹林／evergreen forest／常绿阔叶林
□初期発生／early development／初期发育
□食作用／phagocytosis／吞噬作用
□植生／vegetation／植被
□植生遷移／plant succession／植物演替
□触媒／catalyst／催化剂
□植物界／kingdom Plantae／植物界
□植物極／vegetal pole／植物极
□植物群落／plant community／植物群落
□植物半球／vegetative hemisphere／植物半球
□植物ホルモン／plant hormone／植物激素
□食物網／food web／食物网
□食物連鎖／food-chain／食物链
□助細胞／synergid／助细胞
□触覚／tactile sense／触觉
□自律神経／autonomic nerve／自律神经
□自律神経系／autonomic nervous system／自主神经系统
□腎う／renal pelvis／肾盂
□心黄卵／centrolecithal egg／中黄卵
□進化／evolution／进化
□真核細胞／eukaryotic cell／真核细胞
□真核生物／eukaryote／真核生物
□真核生物ドメイン／domain Eukaryota／真核生物域
□心筋／cardiac muscle／心肌
□神経／nerve／神经
□神経管／neural tube／神经管
□神経筋標本／nerve-muscle preparation／神经肌肉标本
□神経系／nervous system／神经系统
□神経溝／neural groove／神经沟
□神経膠細胞／neuroglial cell/glia cell／神经胶质细胞
□神経細胞／nerve cell/neuron／神经细胞
□神経褶／neural fold／神经褶
□神経終末／nerve ending／神经末梢
□神経鞘／neurilemma／神经膜
□神経節／ganglion／神经节
□神経繊維／nerve fiber／神经纤维
□神経組織／nervous tissue／神经组织
□神経伝達物質／neurotransmitter／神经递质
□神経突起／neurite/nerve axon／神经突
□神経胚／neurula／神经胚
□神経板／neural plate／神经板
□神経分泌／neurosecretion／神经分泌
□神経分泌細胞／neurosecretory cell／神经分泌细胞

□神経誘導／neural induction／神经诱导
□新口動物／deuterostome／后口动物
□腎細管／renal tubule／肾小管
□真獣類／therian／真兽亚纲
□腎小体／renal corpuscle／肾小体
□親水性／hydrophilicity／亲水性
□新生代／Cenozoic era／新生代
□腎節／nephrotome／肾节
□心臓／heart／心脏
□腎臓／kidney／肾脏
□心臓拍動・心臓の拍動／heart beat／心脏的跳动
□腎単位／nephron／肾单位
□伸長成長／extension growth／外延生长
□浸透／osmosis／渗透
□浸透圧／osmotic pressure／渗透压
□真皮／dermis／真皮
□新皮質／neocortex／新皮质
□針葉樹林／coniferous forest／针叶树林
□侵略的外来生物／invasive alien species／入侵种
□森林／forest／森林
□森林限界／forest line/forest limit／森林线
□人類／human race／人类

———————— す ————————

□随意運動／voluntary movement／随意运动
□随意筋／voluntary muscle／随意肌
□水管系／water-vascular system／水管系
□水系生態系／aquatic ecosystem／水生生态系
□髄質／medulla／髓质
□髄鞘／myelin sheath／髓鞘
□水晶体／crystalline lens／晶状体
□すい臓／pancreas／胰脏
□水素結合／hydrogen bond／氢键
□錐体細胞／cone cell／视锥细胞
□垂直分布／vertical distribution／垂直分布
□すい島，すい臓のランゲルハンス島／
　　　　pancreatic islet/islet of Langerhans／胰岛
□水平分布／horizontal distribution／水平分布
□スクラーゼ／sucrase／蔗糖酶
□スクロース／sucrose／蔗糖
□ステップ／steppe／干草原
□ステロイド／steroid／类固醇
□ストロマ／stroma／叶绿体基质
□ストロマトライト／stromatolite／叠层石
□スプライシング／splicing／剪接
□滑り説／sliding filament theory／滑丝学说
□すみわけ／habitat segregation／生境分离
□刷込み／imprinting／印刻

———————— せ ————————

□精核／sperm nucleus／精核

190

- ☐ 生活環／life cycle／生活周期
- ☐ 制限酵素／restriction enzyme／限制性内切酶
- ☐ 精原細胞／spermatogonium／精原细胞
- ☐ 精細胞／spermatid／精细胞
- ☐ 生産構造／productive structure／生产结构
- ☐ 生産構造図／productive structure diagram／生产结构图
- ☐ 生産者／producer／生产者
- ☐ 精子／spermatozoon/sperm／精子
- ☐ 精子形成／spermatogenesis／精子形成
- ☐ 静止中心説／quiescent center theory／静止中心
- ☐ 静止電位／resting potential／静息电位
- ☐ 星状体／aster/astral body／星状体
- ☐ 生殖／reproduction／生殖
- ☐ 生殖器官／reproductive organ／生殖器
- ☐ 生殖細胞／reproductive cell/germ cell／生殖细胞
- ☐ 生殖の隔離／reproductive isolation／生殖隔离
- ☐ 生成物／product／生成物
- ☐ 性染色体／sex chromosome／性染色体
- ☐ 性選択／sexual selection／性选择
- ☐ 精巣／testis／精巢
- ☐ 生存競争／struggle for existence／生存竞争
- ☐ 生存曲線／survival curve／存活曲线
- ☐ 成体／adult／成体
- ☐ 生態型／ecotype/ecological form／生态型
- ☐ 生態系／ecosystem／生态系统
- ☐ 生態系サービス／ecosystem services／生态系统服务
- ☐ 生態系の多様性／ecosystem diversity／生态系统多样性
- ☐ 生態系の復元力／ecosystem resilience/ecosystem restoration／生态系统复原能力
- ☐ 生体触媒／biocatalyst／生物催化剂
- ☐ 生態的地位／niche／生态位
- ☐ 生態的同位種／ecological equivalent species／生态等值种
- ☐ 生態ピラミッド／ecological pyramid／生态金字塔
- ☐ 生体防御／biophylaxis／生物防御
- ☐ 生体膜／biomembrane／生体膜/生物膜
- ☐ 成長運動／growth movement／生长运动
- ☐ 成長曲線／growth curve／生长曲线
- ☐ 成長ホルモン／growth hormone／生长激素
- ☐ 成長量／amount of growth/biomass increment／成长量
- ☐ 性淘汰／sexual selection／性选择
- ☐ 生得的行動／innate behavior／先天行为
- ☐ 正の屈性／positive tropism／正向性
- ☐ 正の走性／positive taxis／正趋性
- ☐ 正のフィードバック／positive feedback／正反馈
- ☐ 性フェロモン／sex pheromone／性信息素
- ☐ 生物学的種概念／biological species concept／生物学的种定义
- ☐ 生物群系（バイオーム）／biome／生物群系
- ☐ 生物群集／biotic community/biocenosis／生物群落
- ☐ 生物多様性（生物の多様性）／biodiversity／生物多样性
- ☐ 生物的環境／biotic environment／生物环境
- ☐ 生物時計（体内時計）／biological clock／生物钟
- ☐ 生物濃縮／biological concentration/biomagnification／生物浓缩
- ☐ 生物量／biomass／生物量
- ☐ 精母細胞／spermatocyte／精母细胞
- ☐ 生命の起源／origin of life／生命起源
- ☐ 生命表／life table/mortality table／生命表
- ☐ 生理食塩水／physiological salt solution／生理盐水
- ☐ 脊索／notochord/chorda／脊索
- ☐ 脊索動物／chordata／脊索动物
- ☐ 脊髄／spinal cord／脊髓
- ☐ 脊髄神経／spinal nerve／脊神经
- ☐ 脊髄反射／spinal reflex／脊髓反射
- ☐ 石炭紀／Carboniferous period／石炭纪
- ☐ 脊椎動物門／Vertebrata／脊椎动物门
- ☐ 赤道面／equatorial plane／赤道面
- ☐ 赤緑色盲／red-green blindness／红绿色盲
- ☐ 脊椎動物／vertebrate／脊椎动物
- ☐ 接眼ミクロメーター／ocular micrometer／目镜测微尺
- ☐ 接眼レンズ／ocular/eye piece／目镜
- ☐ 赤血球／erythrocyte／红细胞
- ☐ 接合／conjugation／接合
- ☐ 接合菌類／zygomycetes／接合菌
- ☐ 接合子／zygote／接合子
- ☐ 接合胞子／zygospore／接合孢子
- ☐ 接触屈性／thigmotropism/haptotropism／向触性
- ☐ 接触傾性／thigmonasty／感触性
- ☐ 接触走性／thigmotaxis／趋触性
- ☐ 摂食量／amount of food feeding／食物摄取量
- ☐ 節足動物／arthropods／节肢动物
- ☐ 接着結合／adherens junction／黏着小带
- ☐ 絶滅／extinction／灭绝
- ☐ ゼリー層／jelly coat／凝胶层
- ☐ セルロース／cellulose／纤维素
- ☐ 腺／gland／腺
- ☐ 遷移／succession／演替
- ☐ 全か無かの法則／all-or-none law/all or nothing principle／全或无定律
- ☐ 全割／holoblastic cleavage／全卵裂
- ☐ 先カンブリア時代／Precambrian era／前寒武纪
- ☐ 前期／prophase／前期
- ☐ 先駆種／pioneer species／先驱种
- ☐ 先駆植物（パイオニア植物）／pioneer plant／先驱植物
- ☐ 線形動物／round worm/nematode／线虫类
- ☐ 前後軸／antero-posterior axis／纵向轴
- ☐ 染色体／chromosome／染色体
- ☐ 染色体地図／chromosome map／染色体图
- ☐ 染色分体／chromatid／染色单体
- ☐ 先体／acrosome／顶体
- ☐ 先体反応／acrosome reaction／顶体反应
- ☐ 選択的遺伝子発現／differential gene expression／选择性基因表现

□ 選択的透過性／selective permeability／选择透过性
□ 前庭／vestibule／前庭
□ 前庭階／scala vestibuli／前庭阶
□ 先天性免疫／innate immunity／先天性免疫
□ 全透性／non-selective permeability／全透性
□ 全透膜／permeable membrane／全透膜
□ セントラルドグマ／central dogma／中心法则
□ 全能性／totipotency／全能性
□ 潜伏期／latency/latent period／潜伏期
□ 繊毛／cilium／纤毛
□ 繊毛虫類／ciliate／纤石虫

——————— そ ———————

□ 造血幹細胞／hematopoietic stem cell／造血干细胞
□ 草原／grassland／草原
□ 相似器官／analogous organ／同功器官
□ 桑実胚／morula／桑葚胚
□ 走性／taxis／趋性
□ 総生産量／gross primary productivity／总生产量
□ 相同／homology／同源
□ 相同器官／homologous organ／同源器官
□ 相同染色体／homologous chromosome／同源染色体
□ 挿入／insertion／插入
□ 相変異／phase variation/phase polymorphism／相变异
□ 相補性／complementarity／互补
□ 草本層／herbaceous layer／草本层
□ 相利共生／mutualism／互利共生
□ 藻類／alga (pl. alagae)／藻类
□ 属／genus／属
□ 側芽／lateral bud／侧芽
□ 側鎖／side chain／侧链
□ 側板／lateral plate／侧板
□ 組織／tissue／组织
□ 組織液／tissue fluid／组织液
□ 組織幹細胞／tissue stem cell／组织干细胞
□ 組織系／tissue system／组织系统
□ 疎水結合／hydrophobic bond／疏水键
□ 疎水性／hydrophobicity／疏水性
□ 粗面小胞体／rough endoplasmic reticulum／粗面内质网

——————— た ———————

□ ターミネーター／terminator／终止子
□ 代（世代）／generation／代
□ 第一極体／first polar body／第一极体
□ 第一分裂（減数分裂の）／first division／减数第一次分裂
□ 体液／body fluid／体液
□ 体液性免疫／humoral immunity／体液免疫
□ 体温／body temperature／体温
□ 体温調節／thermoregulation／体温调节
□ 退化／degeneration/devolution／退化
□ 体外環境／external environment／外界环境
□ 体外受精／external fertilization／体外受精

□ 大割球／macromere／大裂球
□ 体腔／body cavity／体腔
□ 対合／synapsis／联会
□ 体細胞分裂／mitotic cell division/mitosis/somatic division／有丝分裂
□ 体軸／body axis／体轴
□ 代謝／metabolism／代谢
□ 体循環／systemic circulation／体循环
□ 大静脈／vena cava／腔静脉
□ 体性神経系／somatic nervous system／躯体神经系统
□ 体節／segment/somite／体节
□ 大腸／large intestine／大肠
□ 大動脈／aorta／主动脉
□ 体内環境／internal environment／内部环境
□ 体内受精／internal fertilization／体内受精
□ 第二極体／second polar body／第二极体
□ 第二分裂（減数分裂の）／second division／减数第二次分裂
□ ダイニン／dynein／动力蛋白
□ 大脳／cerebrum／大脑
□ 大脳新皮質／cerebral neocortex／大脑新皮层
□ 大脳髄質／cerebral medulla／大脑髓质
□ 大脳皮質／cerebral cortex／大脑皮质
□ 大脳辺縁系／limbic system／大脑边缘系统
□ 対物ミクロメーター／objective micrometer／镜台测微尺
□ 対物レンズ／objective／物镜
□ 対立遺伝子／allele／等位基因
□ 対立形質／allelomorph/allelic character／对立性状
□ 大量絶滅／mass extinction／大量灭绝
□ 多核体(多核細胞)／coenocyte/apocyte/multinucleate cell／多核体
□ 多細胞生物／multicellular organism／多细胞生物
□ 多精拒否／polyspermy block／多精拒绝
□ だ腺染色体／salivary gland chromosome／唾腺染色体
□ 脱アミノ反応／deamination／脱氨基反应
□ 脱水素酵素，デヒドロゲナーゼ／dehydrogenase／脱氢酶
□ 脱窒／denitrification／脱硝反应
□ 脱窒菌／denitrifying microbe／脱硝细菌
□ 脱皮／molt/ecdysis／蜕皮
□ 脱分化／dedifferentiation／脱分化
□ 多糖／polysaccharide／多醣
□ 種／species／物种
□ 多年生植物／perennial plant／多年生植物
□ 多様性／diversity／多样性
□ 端黄卵／telolecithal egg／端黄卵
□ 胆管／bile duct／胆管
□ 単球／monocyte／单核细胞
□ 単孔類／monotreme／单孔目动物
□ 単細胞生物／unicellular organism／单细胞生物
□ 炭酸固定回路／carbon dioxide fixation cycle／光合碳循环（卡尔文循环）
□ 炭酸同化／carbon dioxide assimilation／二氧化碳固定
□ 担子菌類／basidiomycetes／担子菌

- [ ] 短日植物／short-day plant／短日植物
- [ ] 短日処理／short-day treatment／短日照处理
- [ ] 担子胞子／basidiospore／担子孢子
- [ ] 単収縮／twitch／单收缩
- [ ] 胆汁／bile／胆汁
- [ ] 炭水化物／carbohydrate／碳水化合物
- [ ] 単相／haplophase／单倍体
- [ ] 炭素循環／carbon cycle／碳循环
- [ ] 単糖／monosaccharide／单糖
- [ ] 胆のう／gallbladder/gall bladder／胆囊
- [ ] タンパク質／protein／蛋白质

—————————— ち ——————————

- [ ] 地衣類／lichens／地衣
- [ ] 遅延性アレルギー／delayed-type-allergy／迟发性变态反应
- [ ] 置換／substitution／置换
- [ ] 地球温暖化／global warming／全球变暖
- [ ] 地球生態系／global ecosystem／全球生态系统
- [ ] 地質時代／geological age／地质时代
- [ ] 窒素／nitrogen／氮
- [ ] 窒素固定／nitrogen fixation／固氮
- [ ] 窒素固定細菌／nitrogen fixing bacteria／固氮细菌
- [ ] 窒素固定生物／nitrogen fixing organism／固氮生物
- [ ] 窒素循環／nitrogen cycle／氮循环
- [ ] 窒素同化／nitrogen assimilation／氮同化
- [ ] 知能行動／intelligent behavior／智能行为
- [ ] チミン／thymine／胸腺嘧啶
- [ ] チャネル／channel／通道
- [ ] 中央細胞／central cell／中央细胞
- [ ] 中割球／mesomere／中裂球
- [ ] 中間径フィラメント／intermediate filament／中间纤维
- [ ] 中期／metaphase／中期
- [ ] 中規模攪乱仮説／intermediate disturbance hypothesis／中度干扰假说
- [ ] 中耳／middle ear／中耳
- [ ] 中心小体（中心粒）／centriole／中心粒
- [ ] 中心体／centrosome／中心体
- [ ] 中枢神経系／central nervous system／中枢神经系统
- [ ] 中性植物／day-neutral plant／中性植物
- [ ] 中生代／Mesozoic era／中生代
- [ ] 柱頭／stigma／柱头
- [ ] 中脳／mid-brain／中脑
- [ ] 中脳反射／mid-brain reflex／中脑反射
- [ ] 中胚葉／mesoderm／中胚层
- [ ] 中胚葉誘導／mesoderm induction／中胚层诱导
- [ ] チューブリン／tubulin／微管蛋白
- [ ] 中立進化説（分子進化の中立説）／neutral theory of molecular evolution／中性进化
- [ ] 頂芽／terminal bud/apical bud／顶芽
- [ ] 聴覚／auditory sence／听觉
- [ ] 聴覚器／auditory organ／听觉器官
- [ ] 聴覚野／auditory area／听觉区

- [ ] 頂芽優勢／apical dominance／顶端优势
- [ ] 聴細胞／auditory cell／听觉细胞
- [ ] 長日植物／long-day plant／长日植物
- [ ] 長日処理／long-day treatment／长日照处理
- [ ] 聴神経／auditory nerve/acoustic nerve／听觉神经
- [ ] 調節遺伝子／regulatory gene／调节基因
- [ ] 調節タンパク質／regulatory protein／调节蛋白质
- [ ] 調節卵／regulation egg／调节卵
- [ ] 頂端分裂組織／apical meristem／顶端分生组织
- [ ] 跳躍伝導／saltatory conduction／跳跃式传导
- [ ] 鳥類／birds／鸟类
- [ ] 直立二足歩行／erect bipedalism／直立二足步行
- [ ] 貯蔵組織／storage tissue／储藏组织
- [ ] 貯蔵デンプン／storage starch/reserve starch／贮藏淀粉
- [ ] チラコイド／thylakoid／类囊体
- [ ] 地理的隔離／geographical isolation／地理隔离
- [ ] 地理的分布／geographical distribution／地理分布
- [ ] チロキシン／thyroxine／甲状腺素
- [ ] チン小帯／zonula zinnii／睫状小带

—————————— つ ——————————

- [ ] 痛点／pain spot／痛点
- [ ] ツベルクリン反応／tuberculin reaction／结核菌素反应
- [ ] ツンドラ／tundra／苔原
- [ ] ツンベルク管／Thunberg tube／通堡管

—————————— て ——————————

- [ ] 定常部／constant region／恒定区
- [ ] 低張／hypotonic／低渗
- [ ] 低張液／hypotonic solution／低渗溶液
- [ ] 低木層／shrub layer/bush layer／灌木层
- [ ] デオキシリボース／deoxyribose／脱氧核糖
- [ ] デオキシリボ核酸／deoxyribonucleic acid/DNA／脱氧核糖核酸
- [ ] 適応／adaptation／适应
- [ ] 適応進化／adaptive evolution／适应性进化
- [ ] 適応度／fitness/Darwinian fitness／适合度
- [ ] 適応放散／adaptive radiation／适应辐射
- [ ] 適応免疫／adaptive immunity／适应性免疫
- [ ] 適刺激／adequate stimulus／适宜刺激
- [ ] デボン紀／Devonian period／泥盆纪
- [ ] 転移RNA／transfer RNA／转运RNA
- [ ] 電気泳動（法）／electrophoresis／电泳法
- [ ] 電子顕微鏡／electron mocroscope／电子显微镜
- [ ] 電子伝達系／electron transport system／电子传递链
- [ ] 転写／transcription／转录
- [ ] 転写調節領域／transcriptional regulatory region／转录调控区域
- [ ] 伝達／transmission／传达
- [ ] 伝達物質／transmitter／神经递质
- [ ] 伝導／conduction／传导
- [ ] 伝導速度／conduction velocity／传导速度

□デンプン／starch／淀粉
□伝令RNA／messenger RNA／信使RNA

——————— と ———————

□糖／sugar／糖
□等黄卵／isolecithal egg／均黄卵
□同化／anabolism/assimilation／同化
□同化器官／assimilation organ/assimilatory organ／同化器官
□同化作用／anabolism/assimilation／同化作用
□同化組織／assimilation tissue／同化组织
□等割／equal cleavage／均等卵裂
□同化量／secondary production／同化量
□道管／trachea/vessel／导管
□同義遺伝子／multiple gene／等效异位基因
□同形接合／isogamous conjunction／同形结合
□同形配偶子／isogamete／同形配子
□動原体／centromere/kinetochore／着丝点
□瞳孔／pupil／瞳孔
□瞳孔反射／pupillary reflex/pupil reflex／瞳孔反射
□糖質コルチコイド／glucocorticoid／糖皮质激素
□同所的種分化／sympatric speciation／同域种化
□透析／dialysis／透析
□頭足類／cephalopod／头足类
□糖タンパク質／glycoprotein／糖蛋白
□等張／isotonic／等渗
□等張液／isotonic solution／等渗溶液
□糖尿病／diabetes mellitus/diabetes／糖尿病
□動物界／kingdom Animalia／动物界
□動物極／animal pole／动物极
□動物半球／animal hemisphere／动物半球
□洞房結節／sino-atrial node／窦房结
□動脈／artery／动脉
□動脈血／arterial blood／动脉血
□透明層（ウニの受精卵）／hyaline layer／透明层
□独立栄養／autotrophism／自养
□独立栄養生物／autotroph／自养生物
□独立の法則／law of independence／自由组合定律
□土壌／soil／土壤
□突然変異／mutation／突变
□突然変異説／mutation theory／突变学说
□突然変異体／mutant／突变体
□ドメイン／domain／域
□トリプシン／trypsin／胰蛋白酶
□トリプトファン／tryptophan／色氨酸
□トロポニン／troponin／肌钙蛋白
□トロポミオシン／tropomyosin／原肌球蛋白
□トロンビン／thrombin／凝血酶

——————— な ———————

□内耳／inner ear／内耳
□内臓筋／visceral muscle／内脏肌

□内胚葉／endoderm／内胚层
□内部環境／internal environment／内环境
□内分泌系／endocrine system／内分泌系统
□内分泌腺／endocrine gland／内分泌腺
□流れ走性／rheotaxis／趋流性
□ナトリウムチャネル／sodium channel／钠通道
□ナトリウムポンプ／sodium pump／钠离子泵
□慣れ／habituation／适应
□縄張り／territory／领地
□軟骨魚類／cartilaginous fish／软骨鱼类
□軟体動物／mollusc／软体动物类

——————— に ———————

□二界説／Two-Kingdom System／二界学说
□二価染色体／bivalent chromosome／二价染色体
□二酸化炭素／carbon dioxide／二氧化碳
□二次応答／secondary response／二次免疫应答
□二次間充織／secondary mesenchyme／后成间充质
□二次間充織細胞／secondary mesenchyme cell／次级间充质细胞
□二次構造／secondary structure／二级结构
□二次消費者／secondary consumer／次级消费者
□二次精母細胞／secondary spermatocyte／次级精母细胞
□二次遷移／secondary succession／次生演替
□二次胚／secondary embryo／次生胚
□二重膜／double membrane／双层膜
□二重らせん構造／double helix structure／双螺旋结构
□二畳紀／Permian period／二叠纪
□二次卵母細胞／secondary oocyte／次级卵母细胞
□ニッチ／niche／生态位
□ニッチ分化／niche separation/niche segregation／生态位分离
□二糖／disaccharide／双糖
□二胚葉動物／diploblastican／二胚层动物
□二枚貝類／bivalve／双壳纲
□二名法／binomial nomenclature／二名法/双名法
□乳酸／lactic acid／乳酸
□乳酸発酵／lactic acid fermentation／乳酸发酵
□乳糖／lactose／乳糖
□ニューロン／neuron／神经元
□尿／urine／尿
□尿管／urinary duct/ureter／尿道
□尿細管（細尿管）／renal tubule/uriniferous tubule／肾小管
□尿酸／uric acid/urate／尿酸
□尿素／urea／尿素
□尿素回路／urea cycle／尿素循环

——————— ぬ ———————

□ヌクレオソーム／nucleosome／核小体
□ヌクレオチド／nucleotide／核苷酸

─────────── **ね** ───────────

□根／root／根
□熱帯多雨林／tropical rain forest／热带雨林
□ネフロン／nephron／肾单位
□粘液／mucus／粘液
□粘菌類（変形菌類）／myxomycetes／黏菌
□粘膜／mucous membrane/mucosa／黏膜
□年齢ピラミッド／age pyramid／年龄金字塔

─────────── **の** ───────────

□脳／brain／脑
□脳下垂体（下垂体）／pituitary gland／脑垂体
□脳下垂体後葉／posterior pituitary／脑垂体后叶
□脳下垂体前葉／anterior pituitary／脑垂体前叶
□脳下垂体ホルモン／pituitary hormone／脑垂体激素
□脳幹／brain stem／脑干
□脳神経／cranial nerve／脑神经
□能動輸送／active transport／主动运输
□濃度勾配／concentration gradient／浓度梯度
□脳梁／callosum/corpus callous／脑梁
□乗換え／crossing over／交叉互换
□ノルアドレナリン／noradrenalin／去甲肾上腺素

─────────── **は** ───────────

□葉／leaf／叶
□バージェス動物群／Burgess shale Biota/Burgess fauna／伯吉斯页岩生物群
□ハーディ・ワインベルグの法則／Hardy-Weinberg's law／哈代-温伯格定律
□胚／embryo／胚
□肺／lung／肺
□灰色三日月環／gray crescent／灰色新月体
□肺炎双球菌／pneumococcus／肺炎双球菌
□バイオーム／biome／生物群系
□バイオテクノロジー／biotechnology／生物技术
□配偶子／gamete／配偶子
□配偶子形成／gametogenesis／配子形成
□配偶体／gametophyte／配子体
□胚形成／embryogenesis／胚胎发生
□背根／dorsal root／背根
□胚軸／hypocotyl／胚轴
□胚珠／ovule／胚珠
□肺循環／pulmonary circulation／肺循环
□肺静脈／pulmonaty vein／肺静脉
□倍数性／（poly) ploidy／多倍性
□倍数体／（poly) ploid／多倍体
□胚性幹細胞, ES細胞／embryonic stem cell/ES cell／胚胎干细胞
□肺動脈／pulmonary artery／肺动脉
□胚乳／albumen/endosperm／胚乳
□胚のう／embryo sac／胚囊

□胚のう細胞／embryo-sac cell／胚囊细胞
□胚のう母細胞／embryo sac mother cell／胚囊母细胞
□背腹軸／dorso-ventral axis/dorsal-ventral axis/vertical axis／背腹轴
□肺胞／alveolus/alveoli／肺泡
□胚膜／embryonic membrane／胚膜
□胚葉／germ layer／胚层
□白亜紀／Cretaceous period／白垩纪
□麦芽糖／maltose／麦芽糖
□白質／white matter／白质
□バクテリア／bacteria／细菌
□バクテリオクロロフィル／bacteriochlorophyll／细菌叶绿素
□バクテリオファージ／bacteriophage／噬菌体
□バソプレシン／vasopressin／抗利尿激素
□は虫類／reptile／爬行类
□発芽／germination／发芽
□白血球／leukocyte／白细胞
□発現／expression／表达
□発現調節／expression regulation／表达调控
□発酵／fermentation／发酵
□発光／luminescence／发光
□発生／development／（胚胎)发育
□発生運命／developmental fate／胚胎预定命运
□発生反復説, 反復説／recapitulation theory／复演说
□鼻／nose／鼻
□盤割／discoidal cleavage/cliscoidal clevage／盘状卵裂
□半規管／semicircular canal／半规管
□反射／reflex／反射
□反射弓／reflex arc／反射弧
□反射中枢／reflex center／反射中枢
□伴性遺伝／sex-linked inheritance／伴性遗传
□反足細胞／antipodal cell/antipode／反足细胞
□半透性／semipermeability／半透性
□半透膜／semipermeable membrane／半透膜
□反応／reaction／反应
□反応速度／reaction rate／反应速率
□半保存的複製／semiconservative replication／半保留复制

─────────── **ひ** ───────────

□尾芽胚／tail bud／尾芽
□光エネルギー／photo energy／光能
□光屈性／phototropism／向光性
□光傾性／photonasty／感光性
□光受容器／photosensitive organ/photoreceptor／感光器
□光受容体／photoreceptor／光感受器
□光走性／phototaxis／趋光性
□光中断／light break/night break／光中断
□光発芽種子／photoblastic seed/light germinater／需光发芽种子
□光飽和点／light saturation point／光饱和点
□光補償点／light compensation point／光补偿点

- 非競争的阻害／non-competitive inhibition／非竞争性抑制
- 被子植物／angiosperms／被子植物
- 皮質／cortex／皮质
- 微小管／microtubule／微管
- 被食者／prey／被捕食者
- 被食者-捕食者相互関係／prey-predator interaction／被捕食者-捕食者的相互作用
- 被食量／amount of predation／被捕食量
- ヒストン／histone／组蛋白
- 微生物／microbe／微生物
- 非生物的環境／abiotic environment／非生物环境
- ビタミン／vitamin／维生素
- ヒト免疫不全ウイルス／human immunodeficiency virus/HIV／人类免疫缺陷病毒
- 皮膚／skin／皮肤
- 皮膚感覚(表面感覚)／cutaneous sensation/skin sensibility／肤觉
- 表割／superficial cleavage／表面卵裂
- 表現型／phenotype／显性性状
- 標識再捕法／marking-and-recapture method／标志重捕法
- 標的器官／target organ／靶器官
- 標的細胞／target cell／靶细胞
- 表皮／epidermis／表皮
- 表皮系／dermal system／表皮系统
- 表皮組織／epidermal tissue／表皮组织
- 日和見感染／opportunistic infection／机会性感染
- ヒル反応／Hill reaction／希尔反应
- ピルビン酸／pyruvic acid／丙酮酸

————————— ふ —————————

- ファージ／phage／噬菌体
- フィードバック／feedback／反馈
- フィードバック阻害／feedback inhibition／反馈抑制
- フィードバック調整／feedback control／反馈调节
- フィトクロム／phytochrome／光敏素
- フィブリノーゲン／fibrinogen／纤维蛋白原
- フィブリン／fibrin／纤维蛋白
- 富栄養化／eutrophication／富营养化
- フェニルケトン尿症／phenylketonuria／苯丙酮尿症
- フェロモン／pheromone／信息素
- 不応期／refractory period／不应期
- フォトトロピン／phototropin／向光素
- ふ化／hatching/eclosion／孵化
- 不完全強縮／incomplete tetanus／不完全强直收缩
- 不完全優性／incomplete dominance／不完全显性
- 不完全連鎖／incomplete linkage／不完全连锁
- 副交感神経／parasympathetic nerve／副交感神经
- 副交感神経系／parasympathetic nervous system／副交感神经系统
- 副甲状腺／parathyroid gland／副甲状腺
- 腹根／ventral root／腹根

- 副腎／adrenal grand／肾上腺
- 副腎髄質／adrenal medulla／肾上腺髓质
- 副腎皮質／agrenal cortex／肾上腺皮质
- 複製／replication／复制
- 複相／diplophase／二倍核相
- 複対立遺伝子／multiple allele／复等位基因
- 不消化排出量／amount of indigestion／未消化排泄量
- 腐植／humus／腐殖质
- 腐植層／humus layer／腐殖质层
- 腐食連鎖／detritus food-chain／碎屑食物链
- 不随意筋／involantary muscle／不随意肌
- 物質循環／matter cycle/material cycle／养分循环
- 物質生産／matter production／物质生产
- 物理的防御／physical defense／物理防御
- 不定根／adventitious root／不定根
- 不等割／unequal cleavage／不均等卵裂
- 負の屈性／negative tropism／负向性
- 負の走性／negative taxis／负趋性
- 負のフィードバック／negative feedback／负反馈
- 部分割／meroblastic cleavage／部分分裂
- プライマー／primer／引物
- プラスミド／plasmid／质粒
- プランクトン／plankton／浮游生物
- プリズム幼生／prism larva／棱柱幼虫
- プルテウス幼生／pluteus larva／长腕幼虫
- プログラム細胞死／programmed cell death／编程性细胞死亡
- プロトプラスト／protoplast／原生质体
- プロトロンビン／prothrombin／凝血酶原
- プロモーター／promoter／启动子
- 分化／differentiation／分化
- 分解者／decomposer／分解者
- 分子系統樹／molecular phylogenetic tree／分子种系发生树
- 分子進化／molecular evolution／分子进化
- 分子時計／molecular clock／分子钟
- 分節遺伝子／segmentation gene／分节基因
- 分泌／secretion／分泌
- 分泌小胞と輸送小胞／secretory vesicle and transport vesicle／分泌小泡 运输小泡
- 分泌腺／secretory gland／分泌腺
- 分離の法則／law of segregation／分离定律
- 分類／classification／分类
- 分類群／taxon/taxonomic group／分类群
- 分裂／division/fission／分裂
- 分裂期／mitotic period/mitotic phase／有丝分裂期
- 分裂準備期／post DNA synthetic phase／细胞分裂准备期
- 分裂組織／meristem／分生组织

————————— へ —————————

- 平滑筋／smooth muscle／平滑肌

□平衡覚／static sense／平衡覚
□平衡器／static organ/equibrium organ／平衡器
□平衡受容器／statoreceptor/equibrium receptor／
平衡感受器
□平衡石／statolith／平衡石
□閉鎖血管系／closed blood-vascular system／
闭管式循环系统
□βシート／β sheet／β折叠
□βシート構造／β sheet structure／β折叠构造
□ベクター／vector／运载体
□ヘテロ接合体／heterozygote／杂合子
□ペプシン／pepsin／胃蛋白酶
□ペプチド／peptide／肽
□ペプチド結合／peptide bond／肽键
□ペプチド鎖／peptide chain／肽链
□ペプチドホルモン／peptide hormone／肽激素
□ヘモグロビン／hemoglobin／血红蛋白
□ヘルパーT細胞／helper T cell／辅助T细胞
□変異／variation/mutation／变异
□変形菌類／myxomycetes／黏菌
□扁形動物／platyhelminth／扁形动物门
□変性／denaturation/degeneration／变性
□鞭毛／flagellum／鞭毛
□鞭毛菌類／zoosporic fungi／鞭毛菌纲
□鞭毛虫類／flagellate／鞭毛虫纲
□片利共生／commensalism／偏利共生

——————— ほ ———————

□膨圧／turgor pressure／膨压
□膨圧運動／turgor movement／膨压运动
□胞子／spore／孢子
□胞子体／sporophyte／孢子体
□紡錘糸／spindle fiber／纺锤丝
□紡錘体／spindle(body)/mitotic spindle／纺锤体
□胞胚／blastula／囊胚
□胞胚期／blastula stage／囊胚期
□胞胚腔／blastocoel/segmentation cavity／囊胚腔
□ボウマンのう／Bowman's capsule／鲍氏囊
□補酵素／coenzyme／辅酶
□拇指対向性(母指対向性)／thumb opposability／
拇指対向性
□捕食／predation／捕食
□捕食者／predator／捕食者
□母性因子／maternal factors／母体因子
□母性効果遺伝子／maternal effect genes／母体效应基因
□補足遺伝子／complementary gene／补足基因
□ホックス遺伝子／Hox gene／Hox基因
□哺乳類／mammal／哺乳类
□ホメオーシス／homeosis／异形化
□ホメオティック遺伝子／homeotic gene／同源异形基因
□ホメオティック突然変異／homeotic mutation／
同源异形突变

□ホモサピエンス／Homo sapiens／智人
□ホモ接合体／homozygote／纯合子
□ポリソーム／polysome／多核糖体
□ポリペプチド／polypeptide／多肽
□ポリペプチド鎖／polypeptide chain／多肽链
□ホルモン／hormone／激素
□本能と学習／instinct and learning／本能与学习
□ポンプ／pump／泵
□翻訳／translation／翻译

——————— ま ———————

□巻貝類／snail／螺类
□膜電位／membrane potential／膜电位
□マクロファージ／macrophage／巨噬细胞
□末梢神経系／peripheral nervous system/PNS／
外周神经系统
□マトリックス／matrix／线粒体基质
□マルトース（麦芽糖）／maltose／麦芽糖

——————— み ———————

□ミオシン／myosin／肌球蛋白
□ミオシンフィラメント／myosin filament／肌凝蛋白纤维
□味覚／sense of taste／味觉
□味覚芽／taste bud／味蕾
□味覚器／taste organ/gustatory organ／味觉器
□見かけの光合成速度／apparent photosynthetic rate／
净光合速率
□味細胞／taste cell／味细胞
□道しるべフェロモン／trail pheromone／跟踪信息素
□密着結合／tight junction／紧密连接
□密度効果／density effect／密度效应
□ミツバチのしりふりダンス／waggle dance／摆尾舞
□ミトコンドリア（単数）／mitochondrion／线粒体(单数)
□ミトコンドリア（複数）／mitochondria／线粒体(复数)
□ミドリムシ／Euglena／眼虫
□脈絡膜／choroid／脉络膜
□味蕾／taste bud／味蕾

——————— む ———————

□無顎類／Agnathia/jawless fish／
无颚动物/无颚类/无颌类/无颌纲
□無機塩類／inorganic salts／无机盐
□無機物／inorganic matter／无机物质
□無髄神経繊維／unmyelinated nerve fiber／无髓神经纤维
□娘細胞／daughter cell／子细胞
□無性生殖／asexual reproduction／无性生殖
□無脊椎動物／invertebrate／无脊椎动物
□無胚乳種子／exalbuminous seed／无胚乳种子
□群れ／herd/band/pack/pride/troop／群落

——————— め ———————

□明順応／light adaptation／明适应

□明帯／light band／横纹肌I带
□明反応／light reaction／光反应
□メカニズム／mechanism／机制
□めしべ／pistil／雌蕊
□メチレンブルー／methylene blue／亚甲蓝
□免疫／immunity／免疫
□免疫寛容／immunological tolerance／免疫耐受性
□免疫記憶／immunological memory／免疫记忆
□免疫グロブリン／immunoglobulin／免疫球蛋白
□免疫細胞／immune cell/immunocyte／免疫细胞

————————— も —————————

□毛細血管／capillary／毛细血管
□盲点／blind point／盲点
□盲斑／blind spot／盲点
□網膜／retina／视网膜
□毛様体／ciliary body／睫状体
□モータータンパク質／motor protein／马达蛋白
□目／order／目
□木部／xylem／木质部
□モザイク卵／mosaic egg／镶嵌卵
□モネラ界／kingdom Monera／原核生物界
□門／phylum(動物)/division(植物・細菌)／门
□門脈／portal vein／门静脉

————————— や —————————

□葯／anther／花药

————————— ゆ —————————

□有機窒素化合物／organic nitrogen compound／
　　　　　　　　　　　　　　有机含氮化合物
□有機化合物／organic compounds／有机化合物
□雄原細胞／generative cell／雄原细胞
□有髄神経／myelinated nerve／有髄神经
□有髄神経繊維／medullated nerve fiber／有髄神经纤维
□優性／dominant/dominance／显性
□優性遺伝子／dominant gene／显性基因
□優性形質／dominant character／显性性状
□有性生殖／sexual reproduction／有性生殖
□優性の法則／law of dominance／显性定律
□雄性配偶子／male gamete／雄配子
□雄性ホルモン／male sex hormone／雄激素
□優占種／dominant species／优势物种
□遊走子／zoospore／游走孢子
□有袋類／marsupial/pouched mammal／有袋类
□誘導／induction／诱导
□誘導の連鎖／chain of induction／诱导链
□有胚乳種子／albuminous seed／有胚乳种子
□有毛細胞／hair cell／毛细胞
□輸送体，担体／transporter/carrier／载体
□輸卵管／oviduct／输卵管

————————— よ —————————

□溶液／solution／溶液
□幼芽／plumule／幼苗
□溶血／hemolysis／溶血
□幼根／radicle／胚根
□溶質／solute／溶质
□陽樹／intolerant tree／阳生树
□幼生／larva／幼体
□陽生植物／sun plant/intolerant plant／阳生植物
□溶媒／solvent／溶剂
□用不用説／use and disuse theory／用进废退说
□羊膜／amnion／羊膜
□羊膜類／amniote／羊膜类
□陽葉／sun leaf／阳叶
□幼葉鞘／coleoptile／胚芽鞘
□葉緑素／chlorophyll／叶绿素
□葉緑体／chloroplast／叶绿体
□抑制遺伝子／suppressor gene／抑制基因
□四次構造／quaternary structure／四级结构
□予定運命／presumptive fate／预定命运
□予定運命図／presumptive fate map/fate map／
　　　　　　　　　　　　　　胚胎预定命运图
□予防接種／vaccination/immunization／疫苗接种

————————— ら —————————

□ラギング鎖／lagging strand／后随链
□ラクターゼ／lactase／乳糖酶
□ラクトース（乳糖）／lactose／乳糖
□落葉／leaf abscission/leaf fall/defoliation／落叶
□落葉樹／deciduous tree／落叶阔叶
□落葉，落枝層（リター層）／litter layer／凋落物层
□裸子植物／gymnosperm／裸子植物
□卵／egg／卵
□卵黄／yolk／卵黄
□卵黄栓／yolk plug／卵黄栓
□卵黄膜／vitelline membrane／卵黄膜
□卵核／egg-nucleus／卵核
□卵割／segmentation/cleavage／卵裂
□卵割球（割球）／blastomere／分裂球
□卵割腔／blastocoel/cleavage cavity／囊胚腔
□ランゲルハンス島／islet of Langerhans／胰岛
□卵原細胞／oogonium／卵原细胞
□卵細胞／egg cell／卵细胞
□卵子／ovum/ovule/egg／卵子
□卵軸／egg axis／卵轴
□ラン藻／blue green algae／蓝藻
□卵巣／ovary／卵巢
□ラン藻類／blue-green algae／蓝藻类
□ランダム分布／random distribution／随机分布
□ランビエ絞輪／Ranvier's constriction/node of Ranvier／
　　　　　　　　　　　　　　兰氏结

□卵母細胞／oocyte／卵母细胞
□卵膜／egg membrane／卵膜

―――――――― り ――――――――

□リーダー／leader／首领
□リーデング鎖／leading strand／前导链
□離層／abscission layer／脱落层
□リソソーム／lysosome／溶酶体
□リゾチーム／lysozyme／溶菌酶
□利他行動／altruistic behavior／利他行为
□リパーゼ／lipase／脂肪酶
□リプレッサー／repressor／阻遏蛋白
□リボース／ribose／核糖
□リボソーム／ribosome／核糖体
□リボソームRNA／ribosomal RNA／核糖体RNA
□両親／parent／双亲
□両生類／amphibian／两栖类
□緑色硫黄細菌／green sulfur bacteria／绿色硫细菌
□緑藻類／green algae／绿藻纲
□林冠／canopy/leaf canopy／林冠
□輪形動物／rotifer/trochelminth／担轮动物门
□輪形動物門／Rotifera／轮虫动物门
□リン酸／phosphoric／磷酸
□リン脂質／phospholipid／磷脂
□林床／forest floor／森林地被物
□リンパ液／lymph／淋巴液
□リンパ管／lymphatic vessel/lymph duct／淋巴管
□リンパ器官／lymphatic organ／淋巴器官
□リンパ球／lymphocyte／淋巴细胞
□リンパ系／lymphatic system／淋巴系统
□リンパ節／lymph node／淋巴结

―――――――― る ――――――――

□類人猿／anthropoid/ape／类人猿

―――――――― れ ――――――――

□冷覚／sense of cold/cold sensation／冷觉
□齢構成／age distribution/age structure／年龄结构
□霊長類／primate／灵长类
□冷点／cold spot／冷点
□劣性遺伝子／recessive gene／隐性基因
□劣性形質／recessive character／隐性性状
□連合野／association area／联合区
□連鎖／linkage／连锁
□レンズ／lens／透镜

―――――――― ろ ――――――――

□ろ過／filtration／过滤
□六炭糖／hexose／己醣（六碳糖）
□ロドプシン／rhodopsin／视紫红质

―――――――― わ ――――――――

□ワクチン／vaccine／疫苗
□ワクチン接種，予防接種／vaccination／疫苗疗法
□和名／Japanese name／日语名

理科 解答用紙

名前
Name

解答用紙のこの面に解答する科目を、一つ選んで○で囲み、
その下のマーク欄をマークしてください。

解答科目

物理 Physics	化学 Chemistry	生物 Biology
○	○	○

解答欄 Answer（解答番号 1〜20）

解答番号	1	2	3	4	5	6	7	8	9
1	①	②	③	④	⑤	⑥	⑦	⑧	⑨
2	①	②	③	④	⑤	⑥	⑦	⑧	⑨
3	①	②	③	④	⑤	⑥	⑦	⑧	⑨
4	①	②	③	④	⑤	⑥	⑦	⑧	⑨
5	①	②	③	④	⑤	⑥	⑦	⑧	⑨
6	①	②	③	④	⑤	⑥	⑦	⑧	⑨
7	①	②	③	④	⑤	⑥	⑦	⑧	⑨
8	①	②	③	④	⑤	⑥	⑦	⑧	⑨
9	①	②	③	④	⑤	⑥	⑦	⑧	⑨
10	①	②	③	④	⑤	⑥	⑦	⑧	⑨
11	①	②	③	④	⑤	⑥	⑦	⑧	⑨
12	①	②	③	④	⑤	⑥	⑦	⑧	⑨
13	①	②	③	④	⑤	⑥	⑦	⑧	⑨
14	①	②	③	④	⑤	⑥	⑦	⑧	⑨
15	①	②	③	④	⑤	⑥	⑦	⑧	⑨
16	①	②	③	④	⑤	⑥	⑦	⑧	⑨
17	①	②	③	④	⑤	⑥	⑦	⑧	⑨
18	①	②	③	④	⑤	⑥	⑦	⑧	⑨
19	①	②	③	④	⑤	⑥	⑦	⑧	⑨
20	①	②	③	④	⑤	⑥	⑦	⑧	⑨

解答欄 Answer（解答番号 21〜40）

解答番号	1	2	3	4	5	6	7	8	9
21	①	②	③	④	⑤	⑥	⑦	⑧	⑨
22	①	②	③	④	⑤	⑥	⑦	⑧	⑨
23	①	②	③	④	⑤	⑥	⑦	⑧	⑨
24	①	②	③	④	⑤	⑥	⑦	⑧	⑨
25	①	②	③	④	⑤	⑥	⑦	⑧	⑨
26	①	②	③	④	⑤	⑥	⑦	⑧	⑨
27	①	②	③	④	⑤	⑥	⑦	⑧	⑨
28	①	②	③	④	⑤	⑥	⑦	⑧	⑨
29	①	②	③	④	⑤	⑥	⑦	⑧	⑨
30	①	②	③	④	⑤	⑥	⑦	⑧	⑨
31	①	②	③	④	⑤	⑥	⑦	⑧	⑨
32	①	②	③	④	⑤	⑥	⑦	⑧	⑨
33	①	②	③	④	⑤	⑥	⑦	⑧	⑨
34	①	②	③	④	⑤	⑥	⑦	⑧	⑨
35	①	②	③	④	⑤	⑥	⑦	⑧	⑨
36	①	②	③	④	⑤	⑥	⑦	⑧	⑨
37	①	②	③	④	⑤	⑥	⑦	⑧	⑨
38	①	②	③	④	⑤	⑥	⑦	⑧	⑨
39	①	②	③	④	⑤	⑥	⑦	⑧	⑨
40	①	②	③	④	⑤	⑥	⑦	⑧	⑨

解答欄 Answer（解答番号 41〜60）

解答番号	1	2	3	4	5	6	7	8	9
41	①	②	③	④	⑤	⑥	⑦	⑧	⑨
42	①	②	③	④	⑤	⑥	⑦	⑧	⑨
43	①	②	③	④	⑤	⑥	⑦	⑧	⑨
44	①	②	③	④	⑤	⑥	⑦	⑧	⑨
45	①	②	③	④	⑤	⑥	⑦	⑧	⑨
46	①	②	③	④	⑤	⑥	⑦	⑧	⑨
47	①	②	③	④	⑤	⑥	⑦	⑧	⑨
48	①	②	③	④	⑤	⑥	⑦	⑧	⑨
49	①	②	③	④	⑤	⑥	⑦	⑧	⑨
50	①	②	③	④	⑤	⑥	⑦	⑧	⑨
51	①	②	③	④	⑤	⑥	⑦	⑧	⑨
52	①	②	③	④	⑤	⑥	⑦	⑧	⑨
53	①	②	③	④	⑤	⑥	⑦	⑧	⑨
54	①	②	③	④	⑤	⑥	⑦	⑧	⑨
55	①	②	③	④	⑤	⑥	⑦	⑧	⑨
56	①	②	③	④	⑤	⑥	⑦	⑧	⑨
57	①	②	③	④	⑤	⑥	⑦	⑧	⑨
58	①	②	③	④	⑤	⑥	⑦	⑧	⑨
59	①	②	③	④	⑤	⑥	⑦	⑧	⑨
60	①	②	③	④	⑤	⑥	⑦	⑧	⑨

【よい例】

解答科目		
物理 Physics	化学 Chemistry	生物 Biology
○	○	●

【悪い例】

解答科目		
物理 Physics	化学 Chemistry	生物 Biology
○	○	○

解答科目		
物理 Physics	化学 Chemistry	生物 Biology
○	◐	●

注意事項 Note

	よい例	悪い例			
	●	⊗	◐	○	▨

1. 必ず鉛筆（HB）で記入してください。
2. この解答用紙を汚したり折ったりし
   てはいけません。
3. マークは下のよい例のように○わく
   内を完全にぬりつぶしてください。
4. 訂正する場合はプラスチック消しゴ
   ムで完全に消し、消しくずを残して
   はいけません。
5. 所定の欄以外には何も書いてはいけ
   ません。
6. この解答用紙はすべて機械で処理し
   ますので、以上の1から5までが守
   られていないと採点されません。

EJU留考辅导

全年循环开课，随时入班试听

行知学园EJU留考辅导**三大优势**：

1. 经验丰富的全职讲师团队，年年亲自参加留考，随时把握考试动向
2. 自主开发的留考教材及题库，每年更新，更贴近真实留考
3. 科学完善的课程体系，为各阶段的学生提供有针对性的课程

恭喜 2022年6月EJU留考
行知学园获
文科状元
行知学园 杨同学
761分
*不包含记述成绩

2019 年 11 月	EJU文科状元	侯同学
2019 年 06 月	EJU理科状元	杨同学
2019 年 06 月	EJU文科状元	范同学
2018 年 11 月	EJU文科状元	郭同学
2016 年 11 月	EJU理科状元	洪同学
2016 年 11 月	EJU文科状元	江同学
2016 年 06 月	EJU理科状元	洪同学
2015 年 06 月	EJU文科状元	庄同学
2014 年 11 月	EJU文科状元	王同学

恭喜 2022年11月EJU留考
行知学园获
文科状元
行知学园 杨同学
756分
*不包含记述成绩

扫码咨询

行知学園
COACH ACADEMY

行知学園教育叢書

日本留学試験(EJU)対策　模擬試験問題集　生物

2023年 3 月 25 日　初版第 1 刷発行

編著者	行知学園株式会社
発行者	楊 舸
発行所	行知学園株式会社
	〒169-0073
	東京都新宿区百人町2-8-15　ダヴィンチ北新宿 5F
	TEL：03-5937-2809　FAX：03-5937-2834
	https://coach-pub.jp/
	https://coach-ac.co.jp/（日本語）
	https://www.koyo-coach.com/（中国語）
編集協力	閻奎宇，劉千尋，賈思奇
カバーデザイン	clip
印刷所	シナノ書籍印刷株式会社